KB236464

JOB

취업에 성공하고 싶다면
인사부장의 **머릿속**으로 들어가라

일러두기

— 이 책에 나오는 '인사부장'은 직책의 의미가 아니라 회사에서 채용, 승진 등의 인사(人事)
   를 담당하는 직급에 있는 사람, 즉 인사담당자 모두를 의미한다.
— '3장 인사부장을 인터뷰하다'의 인사부장은 인터뷰한 회사에서 채용업무를 총괄하는 사
   람이다.

JOB

취업에 성공하고 싶다면

인사부장의 머릿속으로 들어가라

강성진 · 한창호 · 전재홍 · 박영우 지음

보아스 BOAZ

취업이 어렵다는 말은 어제 오늘의 이야기가 아니다. 이제는 고등학교를 졸업하자마자 공무원 학원에 등록하고, 대학교에 입학하자마자 고3 수험생처럼 새벽까지 취업 공부를 한다. 평일이건 주말이건 도서관에는 토익, 토플, 자격증 등 취업에 도움이 되는 공부를 하는 사람들로 가득 차 있다.

이제는 '취업대란'이라는 말을 들어도 무감각하다. 지난 수년 동안 귀에 못이 박히도록 들었기 때문이다.

하지만 그 취업대란 속에서도, 취업경쟁률이 아무리 높아도 취업에 성공하는 사람은 꼭 있다. 또한 스펙이 그리 대단하지 않은 친구가 뽑히는 경우도 자주 보게 된다.

취업에 성공하는 사람과 성공하지 못하는 사람의 차이는 어디에서 발생하는가? 바로 지원하는 회사에 맞춰서 준비를 하느냐 그렇지 않느냐이다.

'남들이 하니까', '요즘 이 자격증이 대세니까'라는 생각으로 '스펙을 쌓기'에만 치중하다 보니 정작 지원할 때 그 회사가 뽑으려는 분야와 맞는 스펙이 없는 경우가 허다하다.

무조건 스펙을 쌓기보다 자신이 가고 싶은 분야나 회사에 입사하기 위해 어떤 스펙을 쌓아야 하는지 고민하고 그대로 준비해야 한다. 그런데 그 준비를 어떻게 해야 하는가? 바로 지원하려는 회사에서 채용업무를 총괄하는 인사부장의 생각을 알아야 한다.

채용의 모든 과정을 총괄하는 사람이 인사부장이다. 인사부장이 이번 채용에 대해 어떤 생각을 갖고 있는지가 채용의 기준이 된다. 회사의 채용기준, 채용방법, 회사가 원하는 인재상 등이 종합적으로 정리된 것이 인사부장의 생각이다.

그래서 취업준비생이 제일 만나고 싶어 하는 사람이 인사부장이다. 취업을 총괄하는 인사부장의 머릿속으로 들어가 채용과 관련된 정보를 낱낱이 파악할 수만 있다면 우리나라에서 가장 힘든 서바이벌인 취업을 통과할 가능성이 매우 높아질 것이다.

이 책은 누구나 아는 회사, 우리나라를 대표하는 회사의 인사부장이 앞으로 시작될 채용에 대해 어떤 생각과 기준을 갖고 있는지를 알려주기 위해 기획되었다.

회사가 어떤 인재를 원하는지, 회사의 문화는 어떤지, 그런 것들이 나(취업준비생)와 맞는지 등에 대해 인사부장들에게 직접 들은 정보로 알려준다. 현실적으로 취업준비생이 만나기 어려운 인사부장을 필자들이 대신 만나 인터뷰를 하고 그 내용을 정리한 것이다. 책에서 다룬 회사들의 내용을 바탕으로 다루지 않은 회사들이 원하는 인재상, 입사 방법까지 충분히 유추할 수 있다.

'1장 취업준비생을 위한 인사부장의 조언'은 취업을 어떤 자세로 준비해야 하는지에 대한 내용을 담았다.

'2장 인사부장이 원하는 자기소개서와 면접의 자세'에서는 자기소개서 작성법, 면접의 준비에 대해 인사부장들의 자문을 바탕으로 정리했다.

'3장 인사부장을 인터뷰하다'는 이번 책의 핵심이자 다른 취업 관련 책에서는 볼 수 없는 내용을 담고 있다. 이름만 들어도 누구나 다 아는 회사의 인사부장들을 인터뷰해서 해당 회사에 들어가기 위해 어떤 준비를 해야 유리한지를 정리했다.

3장은 '인재상－채용절차－인사부장의 조언－인사부장이 말하는 직원에 대한 회사의 투자'의 구성으로 되어 있다.

'인재상'은 회사가 원하는 인재의 모습에 대해 다뤘다. 인재에 대한 회사의 기준이라고 생각하면 된다. 회사는 지원자가 회사의 인재상에 맞는 인물인지를 심도 있게 관찰한다. 따라서 취업준비생은 자기소개서를 작성할 때 해당 회사의 인재상과 자신이 얼마나 일치하는지를 보여주면 좋은 인상을 줄 수 있다.

'채용절차'는 회사가 인재를 뽑는 과정을 다뤘다. 회사마다 채용절차가 조금씩 다르고 특색이 있으니 유의하면서 보면 좋다.

'인사부장의 조언'에서는 해당 회사의 채용과정에 대한 자세한 내용, 높은 점수를 받는 방법 등을 담았다.

'인사부장이 말하는 직원에 대한 회사의 투자'는 회사에 입사했을 때 받을 수 있는 직원의 혜택에 대해 다뤘다. 회사마다 직원을 어떻게 대우해주는지를 궁금해하는 취업준비생에게 유용한 정보가 될 것이다.

'4장 면접관은 이런 질문을 한다'에서는 비중이 점점 늘고 있는 면접에서 면접관이 주로 하는 질문을 정리했다. 면접을 준비하는 지원자에게 유용한 내용이 될 것이다.

인사부장들에게 직접 듣고 정리한 이 책의 정보들은 취업을 준비하는 모든 과정에 큰 힘이 되리라 생각한다.

이 책을 읽은 독자와 서로 웃으며 명함을 나눌 수 있게 되기를 기대해본다.

저자를 대표하여 한창호

젊었을 때 고생은 사서도 한다는 마음가짐으로 회사의 규모나 외형보다는 훗날 지금보다 더 발전된 '나'를 만들어줄 회사를 선택하십시오.

이 책을 읽고 나서 취업준비생들에게 가장 먼저 전해주고 싶은 말입니다. 회사를 선택할 때 자신이 진정으로 하고 싶은 일이 무엇인지 차분히 살펴보고, 지원하는 회사에서 요구하는 역량을 키우시길 바랍니다. 또한 이 책을 통해 다른 사람들이 좋다고 하는 회사가 아니라 자신에게 맞는 회사를 고르는 혜안(慧眼)을 갖추고, 회사가 원하는 능력을 키워 그 회사와 함께 성장하는 귀한 일꾼이 되기를 기원합니다.

청년실업은 모든 국가가 짊어지고 있는 어려운 숙제입니다. 피할 수 없는 이 난관을 뚫어나가려면 우리 사회 구성원 모두가 힘과 지혜를 모아야 합니다.

바쁜 와중에도 현장을 누비며 젊은 후배들에게 꼭 필요한 정보들을 모아 이렇게 좋은 책을 만든 기자 여러분들에게 아낌없는 찬사를 보냅니다. 우리 청년들이 자신의 능력과 꿈을 마음껏 펼칠 수 있도록 저도 열심히 뛰겠습니다.

고용노동부 장관
이채필

1장

취업준비생을 위한
인사부장의 조언

JOB

취업준비생이 제일 만나고 싶어 하는 사람은 누굴까?
바로 자신이 지원하는 회사의 채용을 담당하는 인사
부장이다.
이번 장에서는 회사의 인사부장들에게 '취업준비생에
게 어떤 조언을 해주고 싶은가?'라는 질문을 통해 얻
은 답을 정리했다.
회사가 원하는 인재가 되기 위해 어떤 자세로 준비해
야 하는지에 대한 충분한 답을 얻을 수 있을 것이다.

스펙 쌓기보다
시선을 끄는 이력서와 자기소개서가 우선이다

캠퍼스에서 햇살을 만끽하며 벤치에 누워 있거나 미팅에 정신이 없었던 대학교의 낭만이 사라진 지 오래다. 바로 취업 때문이다.

대학생이 되면 여유롭고 낭만적인 학교생활을 누리는 시대는 지났다. 대학교에 입학하자마자 고등학교 때보다 더 열심히 공부하며 취업을 준비해야 한다. 취업을 위해 대학교를 다니는 내내 학점뿐만 아니라 스펙 쌓기에도 열중한다.

문제는 학생들 대부분이 '무조건 스펙 쌓기'부터 한다는 것이다. 남들이 준비하는 스펙은 일단 준비해야 뒤처져 보이지 않을 것으로 생각하고 눈앞에 보이는 스펙부터 쌓느라 정신이 없다.

취업준비생들은 기업의 채용공고를 보는 순간 수동적으로 바뀐다. 공고문에 있는 서류를 순서대로 준비하고 기존에 써놓은 이력서(자기소개서 포함)를 약간 수정, 보완하는 정도에 그친다. 그래서 인사부장의 눈에는 다 비슷해 보인다.

인사부서의 직원들이나 인사부장의 시각으로 취업을 바라본 적이 있는가? 우선 인사부서 직원들의 고충을 한번 생각해보자.

회사 내부에서 작성한 올해 채용계획 서류를 들고 임원실과 사장실을 거쳐 결재를 받는다. 확정된 채용인원을 어떤 시기에 어떻게 뽑을지 고민하고 채용공고를 낸다.

수많은 지원서가 쌓인다. 보통 경쟁률은 수십 대 1이다. 100명을 뽑는다면 수천 명이 지원한다는 말이다. 수천 명이 낸 지원서는 최소한 수만 장이 된다.

산더미 같은 서류를 인사부서 직원들이 열심히 골라낸다. 하루 이틀 동안 해결할 수 있는 일이 아니다. 결국 학점, 토익 등의 점수와 회사 내부에서 정한 커트라인으로 걸러낸다. 이 과정에서 지원서가 절반 이상 줄어든다. 취업준비생의 지원서도 며칠 지나면 한 박스 정도만 남는다. 취업준비생이 4년 동안 힘들여 쌓아온 스펙이 순식간에 처리되는 현실이다.

이제부터 인사부 직원들이 애써 골라 남은 수백 명에서 천 명 정도의 이력서와 자기소개서를 읽는 막노동이 시작된다. 자기소개서를 읽다 보면 정형화된 자기소개서가 자주 눈에 띈다. 그런 자기소개서는 옆으로 치워놓고 커피 한잔을 마신다. 매번 하던 일이라 이제 앞부분만 보면 바로 알 수 있다.

왜 이렇게 되는 걸까? 회사 입장에서는 사원을 뽑은 이후도 골칫거리이기 때문이다.

지난해 대한상공회의소가 조사한 '대졸 신입사원의 업무역량에 대한 기업의견' 결과에 따르면, 대졸 신입사원들의 업무역량은 67.3점으로 기대 이하 수준이다.

취업을 위해 외국어나 컴퓨터 등 '스펙 쌓기'에만 집중하다 보니 업무에 필요한 전공지식이나 실무능력은 현장의 기대에 미치지 못한다. 결국 회사는 직원을 채용한 후 많은 시간과 비용을 들여 업무에 활용할 수 있는 인재로 재교육한다.

취업대란이라고 하지만 아직까지도 예전과 달라진 점이 별로 없다는 게 관련자들의 이야기다. 현재 취업준비생의 모습은 어떤가? 안정적이라는 이유로 주변에서 추천하는 공무원이나 동기들이 지원하는 회사에 지원서를 낸다. 구직활동을 자신 중심으로 하기보다 '취업을 해야 하니까', '남들도 하니까' 등의 이유로 한다. 졸업을 앞둔 취업준비생은 사회, 회사에 대한 경험이 별로 없기 때문에 자신에게 맞는 직업을 잘 파악하지 못해 주변 분위기에 휩쓸리는 경우가 허다하다.

결국 대학교 졸업 후 백수 생활을 하거나 취업을 해도 적성에 맞지 않는다며 다시 일자리를 알아보는 낭패를 겪는다. 뒤늦게 자기가 들어가고 싶은 회사나 분야가 생겼을 때 되돌아보면 그동안 쌓은 스펙이 영양가가 없다는 것을 깨닫게 된다. 처음부터 자기가

가고 싶은 회사나 분야를 정해 차곡차곡 준비하는 친구들이 취업해서 승승장구하는 것을 볼 뿐이다.

스펙을 쌓기 전에 분명 알아야 할 게 있다. 자신이 하고 싶은 일이 무엇인지, 그 일과 관련된 분야와 회사는 어디인지를 찾는 것이다. 자신이 일하고 싶은 분야와 회사를 찾은 다음에 해당 분야와 회사에 맞는 스펙을 쌓아야 후회도 없고 열정도 더 생긴다.

지원하려는 회사가 진행하는 공모전이 있다면 응모는 필수다. 해당 회사에서 아르바이트 자리가 생기면 단 1개월이라도 직접 해보는 것이 중요하다. 삼성전자에 가고 싶다면 최소한 삼성전자 제품 판매 아르바이트를 해보고, 신세계나 이마트에 입사하고 싶다면 해당 매장에서 일하는 것이 가장 중요한 스펙이다. 매장에서 아르바이트나 일을 하다 보면 제품에 대한 새로운 아이디어가 떠오르거나 매장 운영에 대한 자기 나름의 확고한 관점을 갖게 될 수도 있다.

바로 이것이 인사부장들이 원하는 스펙이다. 취업준비생이 해당 회사와 관련된 일을 몸으로 체득해서 얻은 내용으로 구성된 이력서를 본다고 생각해보라. 비슷비슷한 학점과 토익 점수로 채워진 이력서와는 차원이 다르다는 데서 일단 인사부장을 끌리게 만들 것이다. 회사에 입사하기 위해 지난 수년 동안 엄청나게 준비하고 고민했다는 인상을 주기에 부족함이 없다. 토익 점수가 다른 지원자에 비해 낮다고 해도 충분히 따라잡을 열정 있는 인재라고 인사부장은 생각할 것이다.

 한 극장에 입사한 A의 사례는 눈여겨볼 필요가 있다. A는 극장이 처음 오픈할 때부터 면접을 보러 갈 때까지의 티켓을 모아 면접을 봤고, 당연히 합격했다. 당시 면접을 본 인사부장은 아직까지도 그 일에 대해 자주 언급한다고 한다. 화려한 미사여구로 이뤄진 이력서보다 A가 준비해간 티켓이 더 화려했음은 말할 필요가 없다.

 지금 이력서를 어떻게 작성해야 하나 고민하고 있다면, 가장 먼저 지원한 회사에 꼭 입사하고 싶다는 메시지를 강력하게 보여줘야 한다. 그 방법 중 하나로 회사와 자신이 연결되어 있다는 내용을 담으면 된다. 채용공고문에서 필요로 하는 직원의 자격과 자신이 그동안 준비한 것이 서로 일치한다는 것을, 지원하려는 회사의 문화와 분야가 자신과 어울린다는 것을 강하게 보여줘야 한다. 그리고 그 회사에 들어가기 위해 그동안 어떤 노력과 준비를 했는지도 설명할 수 있어야 한다. 산더미 같은 서류에서 살아남는 가장 최고의 방법이다.

인사부장은 회사에 필요한 사람을 뽑는다

회사가 사람을 뽑는 이유, 즉 채용하는 이유는 단 하나다. '회사가 필요'해서다. 그래서 인사부장들은 수천 장의 이력서와 씨름하고, 수많은 지원자에게 같은 질문을 반복하며 회사에 필요한 사람인가를 고민한다.

여기서 반대로 생각해보자. 인사부장들에게 "왜 사람을 뽑죠?"라고 물으면 그들은 뭐라고 답할까? "사장님의 지시가 내려와서…", "새로운 사업에 필요한 인력이 발생해서…", "직원이 그만둬 충원을 해야 해서…" 등 다양한 대답이 나올 것이다. 이를 한 문장으로 정리하면, 회사가 수익을 창출하려면 인력이 필요하기 때문이라고 할 수 있다.

회사는 본질적으로 수익을 창출하기 위해 존재한다. 사회에 기부하기 위해 존재하는 곳이 아니다. 국가가 정해놓은 제도의 틀 안에서 자원을 가동해 돈을 버는 곳이다. 그러므로 수익을 창출하는 데 도움을 주는 인재를 원한다.

회사에 들어갈 준비를 하는 취업준비생이라면 지원하는 회사의 매출을 올릴 능력이 있음을 증명해야 한다.

면접에서 보면 대부분 토익 점수나 소유 자격증에 대해 얘기하고 끝난다. 그 얘기를 들은 인사부장들이 하는 말은 거의 같다. "그래서요?"

토익 점수, 자격증이 무엇인지는 이미 이력서에 나와 있다. 이력서에 나온 이야기를 반복하는 데서 그쳐서는 안 된다. 한 발 더 나아가 회사의 수익창출에 자신의 능력이 어떻게 활용될 것이며, 회사의 수익을 높이기 위한 방안으로 생각한 것이 있는지를 부각시켜서 보여줘야 한다.

지원한 회사의 문화와 자신이 잘 어울린다는 점도 어필해야 한다. 회사는 사람과 돈, 조직 시스템으로 구성되어 움직인다. 하지만 그 외에 또 다른 요소가 있다. 바로 기업을 만든 창업주의 기업 유전자가 숨겨져 있다. 창업주의 성격에 따라 회사의 문화, 시스템이 달라진다. 같은 분야의 경쟁 회사 사이에도 약간의 차이가 있는데, 그 차이는 창업주의 성격과 연결된다고 보면 된다. 창업주의 성격이 회사 문화의 바탕이 되는 것이다.

이러한 창업주의 성격은 채용과정에도 영향을 미친다. 창업주의 성격, 스타일에 따라 비슷한 성향의 사람들이 입사하게 된다. 창업주 시절의 회사 문화는 2세, 3세로 넘어가면서 변하지만 기본적인 골격은 거의 바뀌지 않는다.

이력서나 면접에서 지원한 회사의 문화와 자신이 어떻게 잘 어울릴 수 있는지를 알린다면, 인사부장의 눈에 드는 것은 당연하다.

하지만 회사의 문화를 취업준비생이 안다는 것은 어렵다. 해당 회사에서 근무한 선배, 지인 등에게 문의해서 간접적으로 체득하는 방법이 최선이다.

그런 방법을 통해 지원한 회사와 자기가 맞는지도 알게 된다. 만일 자신의 생각과 다르다면, 지원을 다시 한 번 새고할 시간을 갖게 되어 미래 설계에 큰 도움이 될 것이다.

인사부장은 마이너스 요인도 고려한다

회사는 지원자가 입사 후 실적을 많이 낼 것 같다고 무조건 채용하지 않는다. 인사부장이 지원자와 면담을 할 때는 회사에 수익을 주는 플러스 요인뿐 아니라 피해를 주는 마이너스 요인도 고려한다.

올해 한 취업정보 사이트에서 경력 1~2년차 직장인을 대상으로 조사한 결과, 80% 정도가 "올해 다른 회사의 신입으로 지원할 의향이 있다"고 답했다. 대부분 자기와 맞지 않아서다.

왜 그런 생각을 하게 될까? 사회생활 경험이 없는 취업준비생들은 TV나 인터넷 등에서 표면적인 정보만 보고 막연한 동경심을 갖는다. 그러다 그 회사에 입사하면 자기가 생각했던 것과는 너무 달라 이직이나 퇴사를 고민하게 되는 것이다.

주변을 둘러봐도 입사한 회사에 만족하는 사람보다 이직을 고민하거나 자신이 생각한 것과 달라 혼란을 겪는 사람이 더 많다.

인사부장들이 이 점을 모를 리 없다. 1~2년 동안 시간과 돈을 들여 어느 정도 실무를 할 수 있게 만들었는데 이직해버리면 회사는 타격이 심하다. 그래서 인사부장들은 사람을 뽑을 때 고민에 고민을 거듭한다.

요즘은 화려한 스펙을 가진 사람이 많아 그중에서 최상의 스펙을 갖춘 사람을 고르기 위해 고민한다. 하지만 그게 다가 아니다. '이 사람을 뽑으면 회사에 도움이 되는가?'와 동시에 '이 사람을 뽑으면 회사에 해(害)는 안 되겠지?'라는 고민을 한다. 기술, 회계, 기획 파트 등은 능력만 좋으면 되지만, 인사 파트는 사람을 다루는 게 주요 업무다. 따라서 사람의 수만큼 변수가 많다는 점을 감안해 능력 외에 여러 가지를 본다.

인사부장들은 스펙이 좋다고 무조건 훌륭하다고 생각하지 않는다. 예상치 못했던 한 명이 팀 전체, 나아가 회사 전체를 흔드는 경우가 많이 발생하기 때문이다. 회사에 적응을 못해 팀원과 불협화음만 일으켜서 다른 유능한 직원들을 떠나게 만든다면 회사 입장에서는 손해가 이만저만이 아니다. 회사 돈을 횡령하기라도 하면 회사는 큰 타격을 입는다.

얼마 전 한 직원이 회사 돈을 빼돌려서 탕진해 회사가 부도가 났다는 뉴스를 본 적이 있다. 그만큼 사람을 채용한다는 것은 말처럼 쉽지 않다.

인사부장들은 글로벌 인재, 창의적 인재가 아니더라도 회사에 충성도가 높은 인재를 원한다. 몇 명의 지원자가 능력이 비슷해 보이면 '이 지원자가 우리 회사에 애정을 갖고 있구나', '보아하니 사고는 안 치겠다' 하는 지원자에 좀 더 높은 점수를 준다.

그렇다면 어떻게 이 점을 표현할 것인가? 앞에서 말한 것과 연결되는데, 이 회사에 들어가기 위해 노력을 많이 했다는 모습을 이력서에 꽉꽉 보여줘야 한다.

지원하고자 하는 회사가 어떤 제품을 생산하고 있는지, 유통이나 마케팅은 어떻게 하고 있는지, 제품에 대한 소비자들의 반응은 어떤지, 회사의 공장은 어디 있는지, 전자공시시스템(dart.fss.or.kr)을 참고해서 재무제표 등 회사의 실질적인 내용은 어떤지, 해외수출은 어느 지역에 하고 있는지, 앞으로 내가 생각하는 이 회사의 전략은 무엇인지 등을 논리정연하게 작성해서 지원한다면 인사부장들은 이 지원자의 열정을 높게 살 것이다. 게다가 이렇게 열정이 있는데 회사에 입사하면 쉽게 이직할 생각을 하거나 사고를 치지 않을 것으로 생각한다. 이외에도 모임에서 리더를 한 경험, 봉사단체 활동 등 주도적인 모습을 보여주면 높은 점수를 얻을 것이다.

자신에게는 대단해 보이는 스펙도 인사부장들에게는 수많은 지원자가 갖고 있는 스펙과 비슷해보인다. 스펙을 나열하기보다 인

사부장들의 시각으로 이력서를 다시 보고 그들의 채용에 대한 고
민을 해결해주는 방향으로 작성해야 한다.

오너의 마인드와 신수종 사업을 분석하라

회사가 필요한 인재를 선발하기 위해 제일 분주한 부서가 인사부서다. 그렇다면 인사부서는 인재 선발 기준을 어떻게 정할까? 회사가 앞으로 해야 할 사업 분야, 투자를 추가로 하는 관계로 충원이 필요한 분야 등이 확정되면 그에 맞춰 채용공고를 한다. 사람들 대부분은 여기까지만 생각한다. 하지만 남들과 다른 취업준비생이라면 좀 더 깊이 있는 사고가 필요하다.

회사가 앞으로 할 사업, 투자할 사업을 결정하는 최종 결정권자, 즉 회사의 오너를 알아야 한다(여기서 '오너'는 CEO보다 넓은 의미로 회사의 실질적 소유주인 대주주 또는 실질적 소유주이면서 경영까지 하는 대표 등을 말한다).

최종 결정권자인 오너의 결정을 바탕으로 회사는 큰 그림을 그리고 인사부서는 그 큰 그림을 그리기 위한 인재를 뽑는 것이다. 그리고 그 일에 앞장서는 것이 인사부장이다. 인사부장들의 생각은 오너의 생각이 옮겨진 것으로 생각하면 된다. 오너의 행동과 생각이 바뀌면 인사부장들의 행동과 생각도 바뀐다.

오너가 새로운 사업을 구상하면 인사부장들은 그 사업에 맞는 인재를 고민한다. 오너가 해외사업을 구상하면 그 사업에 맞는 글로벌 인재를 찾는다.

인사부장들은 절대로 개인의 취향에 따라 이력서를 통과시키지 않는다. 오너의 생각, 회사가 앞으로 나아갈 방향에 맞는 사람을 찾는다. 특히 요즘은 회사들 대부분이 국내뿐만 아니라 해외시장까지 고려한 신수종 사업(新樹種 事業, 미래에 새롭게 키워나갈 유망한 사업)을 추진하고 있다. 그러므로 취업준비생이라면 오너의 생각이나 말 등을 참고하면서 기존 사업 분야보다 회사가 향후 사업방향, 새롭게 진출하려는 분야에 적합한 인재임을 보여주는 게 효과적이다.

실제로 수많은 회사가 새로운 사업분야를 위해 뛰고 있으며 뛸 계획을 갖고 있다. 그동안 금융위기로 위축됐던 회사들이 최근에는 다가올 2020년을 향해 '새롭게 뛰자'는 분위기다. 앞으로 10년이 회사의 100년을 좌우한다는 생각에 반론이 없기 때문이다.

2011년에 본격적으로 시작되는 투자는 앞으로 글로벌 시장에서 살아남기 위한 자구책이다. 그렇다고 할 때 기업들은 신(新) 성장

동력을 주축으로 한 미래형 사업 구조로 탈바꿈할 것이다.

올해 30대 그룹의 투자 예상액은 110조 원을 넘어설 태세다. 대기업일수록 대규모 투자에 나서고 있다. 핵심 사업의 1등을 향한 도전과 신수종 사업의 발굴로 지금과는 다른 새로운 조직, 새로운 기업을 만들고 있다. 그러다 보니 기존 인력으로는 새로운 도전에 한계가 있다는 것을 깨닫고, 새로운 분야에 맞는 인력을 충원하기 위해 동분서주하고 있다. 이럴 때 인사부서는 바빠진다.

삼성은 태양전지, 자동차전지, LED, 바이오제약, 의료기기 등 5대 신수종 사업에 2020년까지 23조 원을 투자한다고 발표했다. 전라북도와 새만금에 그린에너지 종합산업단지를 구축하겠다고 밝히고 송도국제도시 내에 바이오제약기지 기공식을 가졌다. 또한 바이오 사업 진출을 위해 미국의 바이오업체와 합작사 설립을 추진 중에 있다. 얼마 전에는 풍력, 태양전지, 바이오연료 등 그린에너지 사업을 위한 새만금 프로젝트를 가동했다.

올해 공채를 통해 채용된 신입사원들이 신수종 사업 관련 부서에 배치될 가능성이 높다. 만약 삼성에 지원할 계획이라면 기존 분야보다 이 5대 신수종 사업에 관심을 갖고 접근하는 것이 좋다.

현대자동차그룹에 지원할 계획이라면 정몽구 회장의 "품질 안정화를 넘어 품질 고급화로 한 단계 도약해서 글로벌 자동차 탑 3에 진입하겠다"라는 발언에 주목할 필요가 있다. 현대자동차그룹은 계열사 간의 시너지 효과를 통해 자동차, 철강 그리고 올해 최종 인수한 현대건설을 미래 3대 성장축으로 설정하고 있는데, 이 청사진에 맞춰 취업 준비를 하면 유리하다.

현대자동차그룹은 신수종 사업으로 하이브리드 자동차의 기술 개발 경쟁을 통해 글로벌 '빅3'가 되겠다는 야심을 현실로 만들고 있다. 지난해에만 170개 이상의 나라에 자동차를 수출했으며 미국, 중국, 인도, 러시아 등 주요 거점별로 현지 완성차 생산기지를 구축했거나 추진 중이다. 또 세계 각지에 R&D 센터를 두고 각 나라에 판매법인 등의 사업망을 구축했다.

엔진과 부품 위주의 자동차 시장이 전기·전자 부품 시장으로 바뀌면서 자동차 업체가 채용하는 인재의 모습도 변하고 있다. 그동안 엔진 등 기계를 다루는 엔지니어를 주로 뽑았다면 앞으로 하이브리드 자동차, 전기차 등이 중요해지면서 전자·전기 분야와 화학 등 다른 분야의 전공자들을 많이 채용하고 있다. 또한 글로벌 시장으로 자동차 수출을 진행하고 현지 생산을 늘리다 보니 영어 외의 언어를 구사하는 사람들을 찾고 있다.

2030년이 되면 세계 에너지 수요가 2005년에 비해 60% 증가할 것으로 보인다. 때맞춰 SK, GS, 포스코 등은 자원을 확보하기 위해 보이지 않는 치열한 전쟁을 벌이고 있으며, 자원 개발과 자원 발굴 관련 인재를 영입하기 위해 노력하고 있다. 포스코는 올해 초 호주의 한 대학교에서 광산학 분야를 전공한 졸업생을 선발했다. 자신의 스펙이 에너지와 관련해서 장점이 있다면 이러한 회사를 공략하는 것도 효과적이다.

CJ의 이재현 회장은 미래 10년의 큰 그림을 그리면서 '2013년 글로벌(Global) CJ', '2020년 그레이트(Great) CJ' 완성을 위해 해외로 눈을 돌리고 있다. 그 일환으로 그룹 내 엔터테인먼트와 미디어 사업 부문을 하나로 통합해 종합 콘텐츠 기업인 CJ E&M을 출범시켰다. 방송, 영화, 음악, 공연, 게임 등을 아우르는 CJ E&M의 출범은 규모의 경제를 이루면서 아시아 최대 미디어 스튜디오가 되겠다는 의미다. 또한 대한통운 인수를 통해 물류를 식품, 엔터테인먼트, 바이오 등과 함께 그룹의 4대 주력사업으로 삼았다. CJ에 지원하고자 한다면 반드시 알아야 할 정보다.

그렇다면 이처럼 오너의 생각과 행동, 회사의 신수종 사업을 알려면 어떻게 해야 할까? 그리 어렵지 않다.

포털 사이트에서 회사 오너의 이름을 쳐서 뉴스를 검색하거나 경제신문, 경제를 중점으로 방송하는 한국경제TV 등을 보면 충분히 알 수 있다.

좀 더 심층적으로 알고 싶다면 오너들에 대한 책들을 읽어도 좋다. 회사뿐만 아니라 오너에 대해서도 꾸준하게 연구하면 회사와 회사 분야에 대한 이해도 빨라진다.

혹시 지금까지 쌓은 스펙이 회사들의 신수종 사업과 맞지 않는다 해도 너무 낙심하지 말라. 회사가 새로운 사업만 하는 것은 아니다. 기존의 사업도 계속 진행하면서 새로운 사업에 진출하는 것이다.

　회사 입장에서는 지금까지 필요했고 앞으로도 필요한, 그래서 1년 내내 필요한 분야가 있다. 인사, 회계, 총무 분야가 해당된다. 회사에서는 없어서는 안 될 중요한 업무다. 오히려 신수종 사업보다 더 중요할 수도 있다. 신수종 사업의 경우 진행하다가 어려워지면 철수할 수 있지만, 꼭 필요한 분야는 사라질 수가 없다. 의외로 노른자위 부서라 할 수 있다.

　꼭 입사하고 싶은 회사가 있거나 하고 싶은 분야가 있는데 자신의 스펙과 맞지 않다고 지레 포기하지 말라. 다른 부서로 입사한 후 회사에서 인정을 받거나 내부 네트워크를 탄탄히 만들다 보면 자신의 능력을 최대한 발휘할 수 있는 분야나 전부터 하고 싶었던 분야로 옮길 수도 있다. 이런 것도 취업하는 데 잊어서는 안 되는 융통성이다.

온·오프라인 네트워크를 활용하라

취업을 위해 필요한 것 중 하나가 '인맥'이다. 인맥이라고 하면 흔히 '빽'이라 생각할 수 있다. 하지만 지연과 학연을 통해 적극적으로 자신을 알려서 취업과 연결되는 것은 '빽'보다는 '오프라인 네트워크'이다.

채용공고가 뜨면 이력서를 넣고 서류 전형을 통과해서 면접을 보는 취업에 '인맥이 왜 필요하지?'라고 생각할 수 있다. 그렇다면 아직 정보에 느린 편이다. 요즘 회사들은 사내추천제를 시행하고 있기 때문이다.

작은 규모의 회사는 공개채용보다 사내추천제 등 인맥을 통해 채용을 많이 하는 편이다. 요즘은 중소기업뿐만 아니라 현대백화점, LG전자, CJ, SK텔레콤, 한솔제지, 대웅제약 등도 사내추천제를 시행할 정도로 점점 확대되는 분위기다. 추천인을 통해 한 차례 검증받은 사람이 신뢰도가 높고, 서류만으로 판단해야 하는 사람보다 낫다고 생각하기 때문이다.

그렇다고 한다면 취업준비생은 자신이 입사하고 싶은 회사와 인맥을 쌓는 것이 중요하다. 회사의 산학협동 프로그램이나 기업탐방과 같은 활동, 공모전이나 해당 회사의 사보 웹진 참여 등이 손쉽게 인맥을 쌓을 수 있는 방법이다.

기업이 주최하는 캠퍼스 취업설명회에서 인사담당자들과 친밀한 대화를 통해 관계를 맺은 후 이메일이나 페이스북, 트위터 등의 SNS(Social Network Service) 활동으로 친분을 유지하며 재용정보를 습득할 필요가 있다. 온라인은 취업준비생들이 인맥을 구축할 수 있는 가장 편리한 플랫폼이다.

해당 회사에 다니고 있는 선배가 있다면 그 선배와 자주 만나는 것도 방법이다. 그러면서 다른 취업준비생보다는 더 준비된 모습을 갖추는 것이 좋다. 그 회사에 취업하기 위해 어떻게 해야 하는지, 그 회사가 요구하는 인재상은 무엇인지 선배를 통해 살아 있는 정보를 얻을 수 있을 것이다.

한 단계 진화한 방법으로는, 해당 회사에서 인턴이나 아르바이트로 활동하는 것이다. 회사들 대부분이 실무경험을 중시하니 인턴 등의 경험이 있으면 채용할 때 점수를 더 주는 것은 당연하다. 일을 잘하면 인턴이 끝날 때쯤 정규직 전환을 제안받기도 한다.

오프라인이 있다면 당연히 온라인도 있다. 과거에는 미니 홈피, 블로그로 한정되던 온라인 네트워크가 트위터, 페이스북 같은 SNS의 활성화로 더욱 넓어졌다. 요즘은 SNS로 구직자들을 평가하는 회사가 늘고 있다. 미국에서는 지원자들의 배경 조사 차원에서 지원자들의 SNS나 블로그 등에 올린 글과 사진 조사를 대행해주는 회사까지 생겼다고 한다.

이력서에 자신의 블로그 주소를 기입해 인사부장들이 한 번쯤 방문하게 하는 것도 좋은 방법이다. 블로그 등에 인턴과 아르바이트 경력, 공모전 응시, 세미나 참여 등 자신의 경험을 꼼꼼히 기록하고 취업을 희망하는 회사나 관련 분야 소식을 꾸준히 올려놓는다면 인사부장은 후한 점수를 줄 것이다. 잘만 운영한다면 훌륭한 취업 필살기가 될 수 있다. 악플, 비방 관련 글은 감점 요인이 되니 짧은 글이라도 신경을 써서 삭제하는 게 좋다.

인사부장들은 입사하기 전부터 회사의 SNS와 꾸준하게 소통한 사람이 입사 후에도 회사에 더욱 애착을 갖는다고 평가한다. 지원하고자 하는 회사에 SNS가 있다면, 하루라도 빨리 꾸준하게 접촉해서 글을 남기는 센스를 잊지 말자.

연봉 때문에 스트레스 받지 마라

무조건 취업만 하면 좋겠다고 생각하면서도 한편으로 욕심내는 것이 '연봉'이다. 회사가 수익창출을 위해 존재하는 것처럼 사람도 돈을 벌기 위해 회사를 다닌다. 직장인들에게는 "연봉은 곧 자존심이다"라는 말이 있지 않은가.

자신에게 적합한 연봉은 어느 정도라고 생각하는가? 많으면 많을수록 좋다고 생각하지 말고 구체적인 숫자를 생각해보라. 그러다 보면 자신이 생각하는 숫자와 현실적으로 회사가 주는 숫자는 분명 다르다는 것을 알게 된다.

다음의 기사를 보면 신의 직장이라는 곳도 의외로 연봉이 높지 않은 곳이 많다는 것을 알 수 있다.

286개 공공기관 가운데 신입사원(대졸 사무직 기준) 초임 연봉이 가장 높은 기관은 한국원자력통제기술원인 것으로 나타났다.

28일 정부가 공식 오픈한 공공기관 채용정보 사이트 '잡 알리오'에 따르면, 한국원자력통제기술원 신입사원 연봉이 3777만 3,000원(2011년 기준)으로 1위를 차지했다. 대전에 위치한 한국원자력통제기술원은 교육과학기술부 산하에 있는 핵물질 통제업무 전문기관이다.

대표적인 '신의 직장'으로 불리는 한국산업은행과 한국거래소는 각각 3,261만 원(9위), 3,146만 원(15위)이었다. 초임 연봉이 3,000만 원을 넘는 공공기관은 모두 25곳이었고, 286개 기관 신입사원 평균 연봉은 2,536만 원 수준이었다.

한편 기획재정부는 이날 공공기관 채용정보를 한곳에서 파악할 수 있는 인터넷 홈페이지 '잡 알리오(job.alio.go.kr)'를 공식 오픈했다.

참고로 취업준비생들이 알아두면 유용한 사이트가 '잡 알리오'다. 공공기관의 채용정보를 한눈에 알 수 있을 뿐만 아니라 기관들의 개괄적인 현황, 채용실적, 보수수준 등이 상세히 나와 있다. '신의 직장'을 원하는 이들이라면 이 사이트는 필수다.

민간 기업으로 취업하기를 원하는 사람도 있을 것이다. 민간 기업의 연봉을 정확하게 알려면 해당 기업에 입사하거나 재직 중인 사람에게 물어야 한다. 인터넷의 정보는 100% 확실하지 않다.

다음의 그래프를 살펴보자. 국민들의 성별 및 연령별 연봉 비교를 그래프로 만든 것이다.

구간별 연봉(단위 : 만 원)

구분	구성비	전월비	등락율	평균금액
2천 미만	25.5%	–	–	1,697
2천~3천	52.2%	–	–	2,436
3천~4천	14.6%	–	–	3,384
4천~5천	4.4%	–		4,408
5천~6천	1.7%	–	–	5,401
6천 이상	1.5%	▼ 2	−0.02%	7,866

성별 및 연령별 연봉 비교(단위 : 만 원)

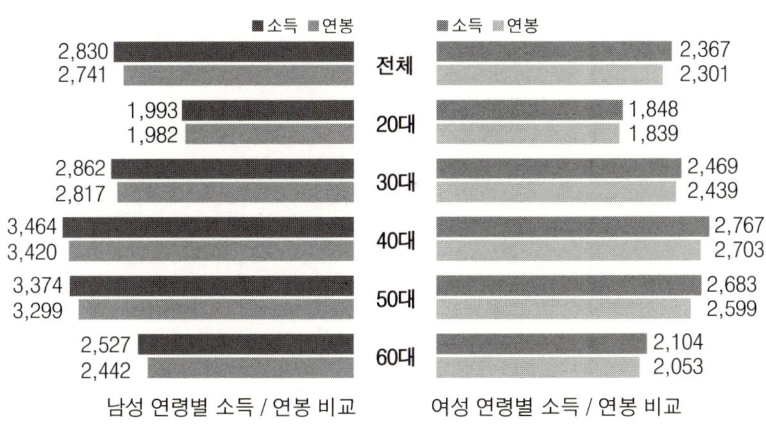

이 표는 표본을 뽑아서 대략 추정한 수치지만 현재 우리나라 성별, 연령별로 연봉의 범위가 어느 정도인지 참고할 수 있다.

그래프를 보면 5,000만 원 이상 받는 사람이 3%가 약간 넘는다는 것을 알 수 있다. 100명 중에 3등 안에 들어야 가능한 수치며, 만일 30대 중반에 5,000만 원 이상 받는다면 성공했다고 봐도 과언이 아니다. 자신이 받아야 한다고 생각하는 연봉과 현실의 연봉은 차이가 많이 난다는 것을 알 수 있다.

취업을 준비하면서 연봉은 너무 생각하지 말라. 어차피 자신이 생각하는 연봉과 회사가 생각하는 연봉은 다르다. 그 차이에 대해 스트레스를 받으면 높은 경쟁률을 뚫고 들어간 회사에서도 제대로 일을 하지 못한다.

사회에 첫발을 내딛는 지금은 연봉보다 자신의 능력을 크게 펼칠 곳을 찾아 그곳에서 자신의 몸값을 올리는 자세가 현명하다.

채용과 관련된 소문의 거짓과 진실

취업정보 전문업체인 '사람인'이 인사부장 229명을 대상으로 취업준비생들이 궁금해하는 '채용과 관련된 소문의 거짓과 진실'을 서류 전형과 면접 전형으로 구분해 조사했다.

먼저 서류 전형과 관련해서 취업준비생들이 잘못 알고 있는 소문 1위로는 '중소기업은 대부분 근무조건이 열악할 것이다'(52%, 복수응답)를 꼽았다. 사실 중소기업에 대한 잘못된 소문 때문에 지원을 망설이는 취업준비생이 많다. 하지만 대기업 못지않은 연봉과 다양한 복지제도를 자랑하는 알짜 중소기업들이 꽤 많다는 사실을 알아야 한다.

2위는 '학력과 학벌이 높을수록 유리하다'(38.9%), 3위는 '해외 경험 및 어학연수는 기본이다'(35.8%)로 나타났다.

이외에도 '지방 출신은 불리하다'(34.5%), '졸업예정자가 졸업자보다 유리하다'(27.9%), '스펙보다 자기소개서가 더 중요하다'(22.3%), '이력서의 취미, 특기는 무의미하다'(21.8%), '남성이 여성보다 유리하다'(20.5%) 등이 있었다.

면접 전형과 관련해서 잘못 알고 있는 소문은 '적당한 거짓말은 합격에 유리하다'(41.9%), '서류 평가점수는 면접에 영향이 없다'(25.8%), '면접 시 질문이 적으면 탈락할 가능성이 높아진다'(24%), '토론할 때 주장보다 경청을 해야 합격률이 높아진다'(24%), '개성 있는 사람이 평가에 유리하다'(21.8%), '최종 면접에서 탈락하면 재지원이 불가하다'(20.5%) 등의 순이었다.

그렇다면 반대로 진실에 가까운 소문은 어떤 것이 있을까?

서류 전형과 관련해서 진실에 가장 가까운 소문은 '공백 기간이 길면 불리하다'(45.9%)가 1위를 차지했다. 최근 취업과 관련한 스펙을 쌓기 위해 졸업을 유예하거나 대기업만 고집하느라 장기간 구직에 돌입하는 취업준비생들을 쉽게 볼 수 있다. 체계적인 계획을 세워 알차게 보낸 경우는 상관없지만, 특별한 목적 없이 시간을 허비할 경우 점점 불리해질 수 있다.

그리고 '이력서에 사진을 부착하지 않으면 감점 또는 탈락한다'(44.5%), '나이가 많을수록 불리하다'(42.8%), '대기업이 중소기업보다 연봉이 높다'(30.1%), '다른 회사 이름을 적으면 탈락한다'(29.3%), '대외활동의 경험이 많으면 유리하다'(27.5%) 등이 있었다.

면접 전형의 경우에는 ‘다리떨기 등 태도가 나쁘면 감점이다’ (62.4%, 복수응답)가 가장 많았다. 면접을 볼 때는 준비한 답변에만 신경 쓰는 경우가 많은데, 인격과 평소의 습관 등을 그대로 나타내는 태도는 중요한 평가 요소가 된다.

업종별 선호하는 인재상

취업준비생이라면 지원하고자 하는 분야에서 필요한 인재상이 어떤지 궁금할 것이다. 분야에서 필요로 하는 인재상에 맞춰서 지원하면 합격이 더 쉬워진다. 그래서 잡코리아 등 취업정보 전문업체 사이트에 나온 자료를 바탕으로 요즘 취업준비생의 관심이 많은 IT, 금융, 건설, 자동차, 항공, 조선, 유통 · 식음료 · 외식 분야가 원하는 인재상을 정리했다.

❖ IT

IT는 취업준비생들이 관심을 많이 갖는 업종 중 하나다. 삼성전자, LG전자 등 글로벌 기업이 많아 근무 조건도 좋고 채용규모도 꽤 많은 편이다. 특히 이공계 채용이 전체 채용인원 중 70% 이상을 차지한다. 해당 분야에 관한 전문 지식을 중요하게 생각하는 만큼 전공 관련 지식을 쌓는 것이 중요하다.

삼성SDS, SK C&C 등 SI(System Integration, 기업이 필요로 하는 정보시스템을 운영하는 일) 업계의 경우 네트워크, 서버 등 각종 하드웨어와 소프트웨어에 관한 지식을 갖춰야 한다. 정보통신, 전자 분야의 전공자들과 그와 관련된 자격증을 가진 사람을 주로 채용한다. 또한 프로젝트 대부분이 팀으로 진행되는 만큼 다른 사람들과 잘 어울리고 조직에 융화하는 능력, 커뮤니케이션 능력이 필요하다.

최근에는 해외진출 준비가 활발하고, 외국에서 최신 기술을 도입하는 경우가 많기 때문에 외국어 능력도 중요하게 대두되고 있다. 특히 경력자 중심의 채용이 많기 때문에 임시직이나 관련 분야 아르바이트를 통해 경험을 쌓아 도전하는 것이 유리하다.

❖ 금융

금융업종은 '금융고시'라고 할 만큼 경쟁률이 매우 높다. 최근에는 적극적이고 능동적인 인재를 채용하기 위해 연령과 성적에 제한을 두지 않는 열린 채용을 채택하고 있는데 일부 금융기관에서는 10여 년 만에 고졸출신 행원을 뽑기 시작했다.

금융업종에는 고급 인력이 몰리는 만큼 공인회계사, 공인재무분석사(CFA), 금융자산관리사(FP), 증권분석사, 선물거래상담사,

투자상담사 등 관련 자격증을 취득하는 것이 단연 유리하다. 증권회사의 경우 공인회계사 자격증, 재무위험관리사(FRM) 자격증이 있으면 좋다. 펀드매니저를 희망하는 사람은 자산운용 전문 인력 시험을 합격해야 한다.

대상 지역에 대한 밀착 영업을 극대화하기 위해 채용 인력 중 상당 부분을 지방연고자로 뽑기도 한다.

❖ 건설

건설 관련 전공자를 중심으로 채용하기 때문에 관련 학과의 전공은 물론 해당 분야의 기사 등 자격을 취득하는 것이 필수요건이다. 현장근무가 많은 업종 특성상 지방근무를 꺼리지 않는 사람을 우선적으로 채용한다. 주로 건설현장과 연관되는 일이 많으니 건설과 관련해서 파트타이머로 현장 경험을 한 사람에게 높은 점수를 준다.

종합 건설회사의 경우 협력업체를 이끌고 원가 절감에 대해서 고민하는 코디네이터 역할을 수행하는 것이 매우 중요하다. 그래서 대학교, 동아리 등에서 리더로서 단체를 주체적으로 이끈 사람에 높은 점수를 준다.

❖ 자동차

수출업무를 담당하거나 외국 현지공장에서 일해야 하는 경우가 많다. 생산 현장에서 다양한 배경을 가진 근로자들과 함께 일하게 되므로 외국어 능력뿐만 아니라 조화를 이룰 수 있는 능력을 중요하게 생각한다.

❖ 항공

회사 홈페이지에 채용관을 두고 수시로 입사원서를 받기 때문에 빠른 정보수집이 무엇보다 중요하다. 서비스업이고 고객을 직접 상대한다는 특성 때문에 용모와 목소리를 중시하고 부드러운 이미지를 선호한다. 따라서 면접에 대비해 친근감 가는 말투, 얼굴 표정 등을 미리 연습해야 한다. 영어는 필수고 독일어, 불어 등의 제2외국어를 한다면 가산점을 얻을 수 있다. 특히 서비스업은 기초체력이 튼튼해야 좋은 서비스를 할 수 있기 때문에 규칙적인 운동을 통해 체력을 관리해야 한다.

❖ 조선

글로벌 경쟁력이 있는 인재를 중시하므로 외국어를 유창하게 구사하는 사람을 우대한다. 외국인과의 대화를 통해 실질적인 영어 구사능력을 검증하는 영어 면접을 시행하기도 한다. 조선업체 대부분이 해안가인 지방에 위치해 지방근무가 가능한 사람을 선호한다.

유통, 식음료, 외식업은 관련 분야의 경험이 취업에 큰 도움이 된다. 취업준비생이라면 취업하고 싶은 회사의 매장에서 아르바이트 경험을 쌓고 이를 토대로 이력서나 면접에 활용하면 효과적이다.

인문 계열의 채용이 많으므로 인문계 여성 취업생이라면 공략해볼 만하다. 서비스업에는 여성이 강하다는 점을 강조하면서 상냥한 말투, 얼굴 표정 등을 미리 연습하면 좋다.

외식업체 대부분이 외국계 기업이거나 외국 고객이 많아 영어에 능통하면 플러스 요인이 된다.

인턴은 취업을 위한 직행열차

채용의 방향이 점점 경력자 위주로 바뀌고 있다. 회사 입장에서는 이왕이면 실무에 바로 투입할 수 있는 인재를 선호하기 때문이다. 하지만 취업준비생 입장에서는 바로 경력자가 될 수 없다. 이런 취업준비생에게 유용한 것이 6개월에서 1년 정도의 기간 동안 회사에 출근해 직원들과 같이 일하며 업무도 배우고 경력도 쌓을 수 있는 인턴이다.

요즘 대기업들은 인턴사원 채용제도를 도입하면서 정규직 채용의 한 관문으로 삼고 있다. 그러자 인턴이 금턴(금처럼 소중한 인턴)으로 불리고 있다. 인턴을 잘하면 취업으로 바로 직행할 수 있게 된 것이다.

왜 회사는 인턴을 뽑는가? 그 이유는 간단하다. '일을 시켜보고, 그중에서 실무에 적합한 인재를 채용하겠다'는 회사의 생각이 깔려 있는 것이다.

스펙이 화려한 사람을 기분 좋게 뽑았는데, 일을 시켜보니 제대로 하지도 못하고 능력도 발휘하지 못한다면 어떨까? 회사는 당연히 사람을 잘못 뽑았다고 생각하고 다른 사람을 뽑지 못한 것을 후회하게 된다.

이런 착오를 줄이기 위해, 곁에서 그 사람의 능력을 판단하기 위해 '인턴'을 뽑는다. 6개월에서 1년 정도의 기간 동안 실무경험을 쌓게 하면 이력서에서는 보기 힘든 그 사람의 능력, 성격 등을 파악할 수 있다. 또 나중에 정직원이 되었을 때 추가적인 교육이나 설명 없이 바로 실무에 투입시킬 수 있는 이점도 있다.

인턴은 취업준비생에게 좋은 기회다. 남들이 모두 부러워하는 대단한 스펙은 없지만, 일을 맡으면 충분히 능력을 발휘할 수 있는 취업준비생이라면 자신의 잠재력을 펼칠 기회를 얻게 되는 것이다. 또한 회사를 다니면서 회사의 문화, 업무 내용 등을 직접 경험하게 되니 관련 분야를 전보다 자세히 알 수 있고 진로 결정에도 많은 도움을 받을 수 있다.

하지만 인턴을 지원할 때도 주의할 사항이 있다. 먼저 '정규직 전환'이 가능한지 여부다. 정규직으로 전환하는 경우가 아주 극소수이거나 아예 전환하지 않는 회사도 있기 때문이다. 단순히 경험을 쌓기 위해 인턴을 지원한다면 상관없지만, 지원자 대부분이 정규직 전환을 목표로 지원하기 때문에 제일 먼저 확인해야 한다.

무작정 지원하지 말고 자신이 원하는 회사를 찾아라. 게임개발자가 꿈인 사람이 제약회사 마케팅부에 인턴으로 들어간다면, 적성에도 맞지 않고 자신의 능력을 발휘하기도 힘들다.

인턴도 정규직으로 들어가는 것만큼 까다로우므로 공개채용을 준비하는 것처럼 목숨을 걸고 준비한다는 생각으로 임해야 한다.

채용정보는 쉽게 알 수 있지만 인턴 관련 정보는 그보다 쉽지 않다. 그러니 정보를 누구보다 먼저 아는 것이 중요하다. 취업박람회나 채용박람회 등을 적극적으로 활용하는 것도 좋은 방법이다. 박람회장에서 인사담당사와 식섭 얘기를 나눠보고, 부지런히 박람회장을 다니다 보면 인턴 정보를 쉽게 알 수 있을 뿐만 아니라 자신에게 맞는 화사를 직접 찾는 데도 큰 도움을 받는다.

나와 맞는 회사가 좋은 회사다

사람은 누구나 간판을 좋아한다. 말만 하면 다 아는 학교, 회사에 다니면 왠지 모르게 어깨에 힘이 들어간다. 자신이 다니는 회사의 사무실이 강남에 위치한 빌딩에 화려한 인테리어로 꾸며져 있다면 주변 사람들에게 자랑하고 싶은 마음까지 든다. 반대로 사무실이 작거나 오래된 건물에 있다면 누군가를 초대하는 것조차 부담된다.

취업준비생들도 이왕이면 보기 좋은 회사에 들어가고 싶은 마음일 것이다. 하지만 명심해야 한다. 회사생활을 처음 시작하는 취업준비생은 '젊었을 때 고생은 사서도 한다'는 마음가짐으로 회사의 규모나 겉모습보다는 5년 후, 10년 후 더욱 발전할 '나'를 위한 회사를 선택하는 것이 좋다.

취업준비생이라면 커리어인넷의 이영대 박사가 말하는 '좋은 회사 고르는 법'을 참고할 필요가 있다.

❖ 성장잠재력이 있는 회사인가

지금 인기가 높은 회사라고, 급여가 높다고 해서 덥석 선택하지 말고 그 회사의 성장가능성을 파악하는 것이 중요하다. 그 회사의 최근 5년

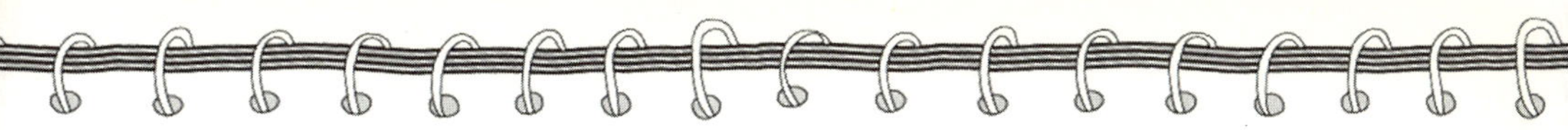

간 매출액 증가율, 연구개발 투자율, 순이익 증가율 등을 살펴보며 과거에서 현재까지의 흐름을 통해 그 회사의 미래를 예측할 수 있다. 그리고 수치로 나타나지 않는 기업의 활력, 기술수준 등을 파악하는 것도 중요한데 관련 자료들은 정부기관에서 매년 발행하는 기업연감을 보면 쉽게 알 수 있다. 오늘보다 내일이 더 중요하다는 것을 알고 회사를 선택하자.

❖ 경영자가 경영비전을 제시하는 회사인가

경영자의 경영비전은 기업의 존폐 여부를 결정짓는 중요한 잣대다. 미리 해당 회사의 사보나 간행물을 참조해 경영비전이 있는 회사인지를 알아봐야 한다. 한발 앞서 변화하는 회사, 경영자가 밝은 안목을 갖고 있는 회사가 좋은 회사다.

❖ 교육제도가 충실한가

각종 교육제도가 풍부한 회사는 그만큼 사원을 아끼고 사원의 능력을 키워주는 회사가 분명하다. 일에 파묻혀 지내다 보면 인풋(input)보다는 아웃풋(output)만 하게 되어 나중에는 자신의 능력 없음을 탓하며 자괴감에 빠지는 경우가 있다. 이때 교육기회는 자질향상과 능력계발에 큰 위안이 된다. 요즘은 입사 후 기본 입문교육에서부터 해외 연수에 이르기까지 사원교육에 적극적으로 투자하는 기업이 많아졌다.

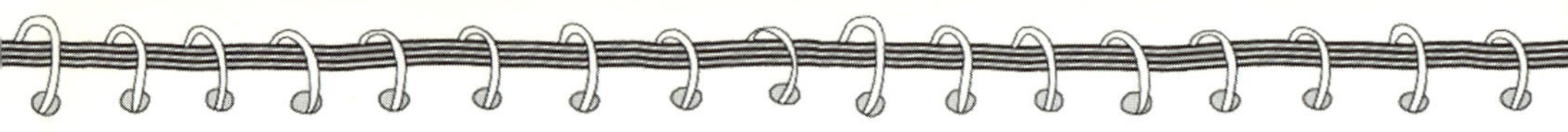

앞으로도 인적자원의 중요성은 점점 높아질 것이므로 필요한 인재로 인정받는다면 자신을 업그레이드할 교육의 기회는 얼마든지 있다.

❖ 전문성을 갖추고 있는가

기업도 사람과 마찬가지로 독특하고 전문적인 아이템이 있을 때 성공할 수 있다. 기획, 마케팅, 기술력 등에서 다른 회사와는 차별화되는 기업일수록 배울 것이 많다. 그와 관련된 내용은 직접 파악하기 어렵다. 따라서 경제신문, 경제잡지 등에 나오는 기업동향에 관심을 갖고 산업정책이나 경제계의 흐름을 파악하는 것이 좋다. 또한 그 회사에 직접 전화를 걸거나 인맥을 통해 알아보는 방법도 있다.

❖ 근로조건은 어떤가

이 부분에서 말하고 싶은 것은 급여가 높다고 반드시 좋은 회사는 아니라는 것이다. 대학을 갓 졸업하고 경력도 일천한 신출내기가 다른 것은 보지 않고 높은 급여나 복지제도가 좋은 회사만을 기 쓰고 찾다 보면 '월수 300 보장, 침식제공, 가족적 분위기, 초보환영' 같은 곳밖에 없다.

회사는 이익추구집단이다. 즉, 급여가 높다는 것은 그만큼의 부담이 따르며 때에 따라서는 일단 뽑아놓고 보는 경우도 있다. 다시 말해 괜히 많이 주는 회사는 아무 데도 없다는 말이다. 급여는 높은데 잔업이

많고 휴일도 거의 없다면 바람직한 회사라고 할 수 없다. 따라서 급여는 적정수준인가, 복지제도는 적절한가, 근무조건은 어떤가, 입사하면 어떤 일을 하게 되나 등 여러 가지 근로조건을 파악해본다. 그런 다음 관련 분야의 다른 회사들과 비교해서 터무니없이 낮은지 아니면 높은지를 검토할 필요가 있다.

❖ 안정된 직장인가

회사 실무자들은 단순히 외형적 규모만을 회사의 안정성 판단 기준으로 삼아서는 안 된다고 당부한다. 회사의 안정성은 규모, 역사, 자기자본 비율 등을 보면 파악할 수 있는데 내실 있는 회사는 최근 3년간 매출액이 꾸준히 늘어나면서 부채비율이 증가하지 않는 회사를 말한다. 이러한 자료는 회사 및 채용연감을 비교해보면 알 수 있다.

❖ 이직률은 어떠한가

이직률만큼 그 회사가 어떠한지를 확실히 대변하는 것도 없다. 먼저 있던 사람들이 떠나면 '그만큼 내가 클 기회가 많겠구나' 하고 생각하는 사람은 없을 것이다. 회사를 떠나는 사람이 많으면 회사 내부에서는 그만큼 전문성도 떨어지고 기술축적도 어렵다. 높은 이직률은 부도 예측의 한 지표이기도 하다. 선배들이 닦아놓은 길이 있어야 후배들, 신입사원들도 빠르고 쉽게 성장할 수 있다. 수시로 채용공고가 나오는 회

사, 그룹도 아닌데 매번 많은 인원을 왕창 뽑는 회사는 의심해볼 필요가 있다.

❖ 인재유치에 적극적인가

학교의 취업상담실이나 과 사무실로 취업자료를 보내오거나 취업설명회 등을 열어 채용정보를 적극적으로 제고하는 회사, 회사를 방문했을 때 지원자에게 예의를 갖춰 대하는 회사는 인재를 소중히 여기며 키울 줄 아는 곳이다. 반대로 접수 또는 문의담당자가 이력서를 내는 자신을 불쌍한 눈으로 본다거나 전화에서 짜증 섞인 목소리를 낸다면 그 회사의 인력관리관을 유추해볼 수 있다.

이외에도 중요한 사항이 있다. 바로 지원하려는 회사의 업무나 분야가 자신과 맞는가 하는 점이다. 아무리 힘들어도 하는 일이 즐겁다면 아침에 일어났을 때 회사에 빨리 나가고 싶어지기 마련이다.

많은 취업준비생들이 '좋아하는 일'과 '잘할 수 있는 일', 이 두 가지 중에 어떤 것을 선택할지 고민한다. 좋아하는 일을 직업으로 선택한다면 대개 웃으면서 일할 수 있다. 하지만 단점은 있다. 일에 싫증이 느껴진다면 어떻게 될까?

평소 음악을 좋아해서 작곡가의 꿈을 갖고 서울대 작곡과에 들어간 친구가 있다. 하지만 군대를 다녀와서 전공을 바꿨다. 그동안 시간과

돈이 들어간 것을 생각하면 쉽사리 결정하지 못할 일인데, 그 친구는 이렇게 말했다.

"좋아하는 것이 일이 되니까 스트레스가 더 생기고 좋아했던 것이 더 더욱 싫어지더라."

그렇다. 사람들은 누구나 쉽게 싫증을 느낀다. 하물며 자발적으로 하는 것이 아니라 무조건 해야 하는 의무가 된다면 더욱 그렇다.

겉으로 좋아 보이는 회사가 아니라 자신에게 맞는 회사, 자신이 좋아하거나 하고 싶은 일보다 잘할 수 있는 일을 하는 회사를 선택해야 한다.

자신이 잘할 수 있는 일은 주변 사람들에게 조언을 구하면 된다. 제3자가 아주 객관적으로 보기 때문에 당신이 미처 몰랐던 능력에 대해 이야기해줄 것이다.

2장

인사부장이 원하는
자기소개서와
면접의 자세

JOB

취업에서 가장 중요한 것은 자기소개서와 면접이다. 자기소개서를 인사부장의 마음에 들도록 써야 그 다음 단계인 면접을 볼 수 있고, 면접에 통과해야 합격 통보를 받을 수 있다. 그야말로 취업의 과정에서 비중이 제일 높다.

이렇게 중요한 자기소개서와 면접을 어떻게 준비해야 하는지, 지금 회사에서 인사를 담당하고 있는 인사부장들을 사로잡는 자기소개서와 면접에 임하는 자세에 대해 물어봤다.

자기소개서 완전정복

정말 입사하고 싶은 회사가 정해졌다면 제일 먼저 서류를 접수해야 한다. 신입이든 경력이든 회사가 필수적으로 요구하는 것이 하나 있다. 바로 '이력서와 자기소개서'다. 이력서는 자신의 학교, 경험, 자격증 등 객관적인 사실을 한 줄씩 작성하는 것이므로 다른 지원자의 이력서와 크게 다르지 않을 수 있다. 하지만 주관적으로 표현하는 자기소개서는 천차만별이다.

자기소개서는 면접관이나 인사부장이 지원자의 성실성과 성향, 가정환경 등 지원자에 대한 모든 것을 총체적으로 확인할 수 있는 하나뿐인 자료다. 회사에게 보여주는 '첫인상'인 것이다.

첫인상은 첫 단추와도 같다. 세상의 모든 일은 첫 단추를 잘 끼워야 한다. 첫 단추를 잘못 끼우면 옷을 입었어도 그대로 외출할 수는 없다.

회사에 보여주는 첫인상, 첫 단추인 자기소개서를 아무렇게나 쓸 수 없는 것은 당연하다. 자기소개서가 통과되어야 면접을 볼 기회가 생긴다. 그렇다고 자기소개서 작성을 어렵게 생각하지 마라. 어렵게 생각하는 순간 겉포장에만 신경 쓴 자기소개서만 나올 뿐이다.

인사부장들의 시선을 사로잡는 자기소개서는 무엇일까? 반대로 인사부장들이 싫어하는 자기소개서는 무엇일까?

우선, 틀리지 말아야 할 것은 틀리지 말아야 한다. 자신이 지원하는 회사명, 부서 등 객관적인 정보는 설대로 틀리면 안 된다. 수많은 회사에 지원을 하다 보니 회사 이름만 수정해서 지원하는데, 이때 착오로 지원할 회사 이름을 잘못 쓰는 경우가 있다. 사랑 씨에게 보낼 연애편지에 '이별 씨, 사랑합니다'라고 쓴다면 그 누가 사랑을 받아주겠는가.

인사부장들이 꼽는 가장 무례하고 어처구니없는 지원서가 회사 이름 하나 바꿀 의지도 없는 것이라고 한다. 제아무리 스펙이 좋아도 그 지원서는 아웃이다.

'설마, 그런 실수를 할까?'라고 생각하겠지만 의외로 많다. 오죽하면 지원자 이름이 '홍길동'인 경우도 있다. 실제 이름이 홍길동이 아니라 인터넷에서 다운받은 자료를 그대로 지원한 것이다.

그리고 자기소개서는 일기처럼 작성하지 말라.

1985년 서울에서 태어나 서울초등학교, 서울고등학교, 서울대학교를 나왔고 근엄하신 아버지와 인자하신 어머니 밑에서 가정교육을 잘 받으며 자랐으며 ….

혹시 지금 당신의 자기소개서가 이런 글로 시작하는가? 이런 글은 읽는 순간부터 진부함을 느끼게 만들어 인사담당자들이 끝까지 읽을 의지조차 소멸시켜 버린다.

이 회사에 입사하기 위해 그동안 준비한 내용, 정말 남들과는 차별화된 자신만의 능력 등을 맨 앞에 배치해 인사담당자들의 호기심을 자극해라. 블록버스터 영화가 초반부터 관객들을 몰입하게 만들기 위해 첫 장면에 대규모 전쟁이나 액션 장면을 넣는 것처럼 말이다.

'최선을 다하겠습니다', '뽑아만 주시면 무엇이든 하겠습니다' 하는 식의 애매하고 추상적인 글은 적지 않는 게 더 낫다.

사례 A

여자: 나 정말 사랑하니?

남자: 응, 정말 사랑해!

여자: 어떤 점이 사랑스러운데?

남자: 그냥 다 사랑스러워. 나랑 연애해주면 최선을 다할게!

사례 B

여자: 나 정말 사랑하니?

남자: 응, 정말 사랑해!

여자: 어떤 점이 사랑스러운데?

남자: 너의 귀여운 코, 입술, 그리고 가끔 웃을 때 찡그리는
이마, 의아한 표정을 지을 때 빨개지는 귀 다 사랑스러
워.

'그냥 다 사랑스럽다'는 사례 A보다 논리정연하고 자세히 말하
는 사례 B가 여자를 더 기쁘게 해준다. 자기소개서도 마찬가지나.

회사는 뚜렷한 생각과 행동이 있는 인재를 원한다. 무엇이든 맡
겨만 주면 다하겠다는 뜬구름 같은 다짐보다 회사에 자신의 장점
이 어떻게 도움을 줄 수 있는지 구체적으로 보여주는 것이 좋다.

그리고 지원하는 회사에 관심이 많다는 것을 표현할 수 있는 만
큼 다 표현하라. 인사부장들은 입사하자마자 얼마 가지 않아 그만
두거나 다른 회사로 옮길 것 같은 사람은 '절대 사절'이다. 뽑았는
데 금방 그만두거나 이직하면 질책 받을 사람은 인사부장이기 때
문이다.

인사부장들이 그런 의심을 하지 않도록 지원하는 회사에 대한
자신의 관심을 자기소개서에 정성껏 표현해야 한다. 그동안 신문,
잡지 등에 나온 회사의 기사, 회사 오너의 인터뷰 등을 꼼꼼히 검

토한 다음, 입사하면 어떤 일을 맡고 싶다거나 그러기 위해 어떤 부서에서 어떤 일을 하고 싶다는 내용, 경쟁사와 비교한 자료를 바탕으로 좀 더 나아질 수 있는 방향 등을 구체적으로 제시하라. 그러면 인사부서에 접수된 수많은 자기소개서 중에서 군계일학 같은 자기소개서가 될 것이다. 인사부장들도 '우리 회사에 이렇게 관심과 애정이 많은 걸 보니 최소한 금방 그만두지는 않을 것 같다'라는 생각을 할 것이다.

무엇보다 신뢰성을 잃지 말라. 자신은 남들과는 다르다는 것, 특색 있는 장점이 있다는 것을 보여주려고 자기소개서를 작성할 때 약간의 포장은 있을 수 있다. 그렇다고 너무 대놓고 포장하면 오히려 역효과를 부른다. 이력서와 자기소개서 관련해서 달인이 된 사람이 인사부장들이다. 눈으로만 봐도 허풍이 많은 자기소개서, 너무 포장한 자기소개서는 금방 찾는다.

마지막으로 천편일률적인 자기소개서는 지양하라. 세상에 단 하나뿐인 개성 넘치는 자기소개서를 작성해야 한다. 필자 같으면 자기소개서에 이런 제안을 해보고 싶다.

1. 지각할 때마다 노래를 한 곡씩 부르겠습니다.
2. 화장실 청소부터 시켜 주십시오.
3. 수습기간에 받은 월급은 전액 회사 이름으로 기부하겠습니다.

황당하거나 맹랑해 보일 수도 있지만, 천편일률적인 다른 사람들의 자기소개서보다는 튀는 건 확실하다. 인사담당자들에게 자신의 자기소개서를 각인시키기에는 충분하다.

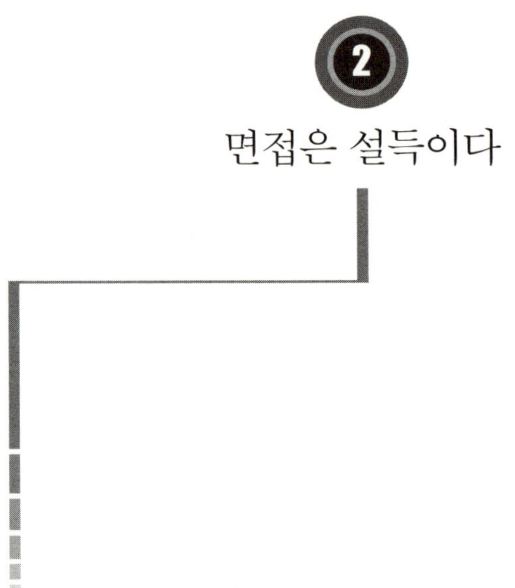

면접은 설득이다

지원자에게 "가장 잘하는 것은 무엇입니까?", "당신의 장점은 무엇입니까?" 등을 질문했을 때 의외로 대답을 잘 못한다고 한다. 면접 시간이 길지 않으니 정해진 시간 안에 핵심사항만 말해야 하는데, 지원자는 드러내놓고 자기 자랑을 한다는 게 어색해 빙빙 돌려 말하기 때문이라고 한다. 면접관들은 이런 지원자를 내세울 것 없는 사람으로 치부해버린다.

우리나라 사람들은 남 앞에서 예의 바른 사람이 되어야 한다고 배웠다. 그래서 장점이 많더라도 감추고 자신을 낮추는 게 버릇처럼 되었다. 오히려 그렇지 않은 사람은 건방지다며 손가락질 당한다. 하지만 시간이 정해진 면접 자리에서는 건방진 사람이 되어야 한다. 자신의 장점을 최대한 드러내는 표현력이 필요하다.

지원자들이 면접 자리에서 자신의 장점, 특기 등을 일목요연하게 보여주지 않으면 면접관들은 알 수 있는 방법이 없다. 그러면 그 사람을 뽑을 이유도 찾지 못한다. 특히 외국계 회사의 면접관들은 면접 시간 동안 자기 자랑을 하지 않는 지원자는 쳐다보지도 않는다. 지원자가 여러 질문에 자신이 생각하는 바를 명쾌하게 답하면, 면접관들은 그 답 안에서 지원자의 리더십, 조직 적응력, 문제 해결능력을 찾아 점수를 매긴다.

면접은 지원자가 면접관을 설득하는 과정이다. 그렇다고 면접 자리에서 선거처럼 "저를 뽑아주십시오"라고 대놓고 말할 수는 없지만, 면접관의 질문에 논리 정연한 대답을 통해 '나를 뽑으면 다른 사람보다 회사에 더 도움이 될 것이다'라는 의미를 전달해 점수를 더 주도록 설득해야 한다.

누군가 나를 설득하는 말을 하는데, 그 말이 중언부언하고 앞뒤가 안 맞으면 설득은커녕 듣기가 싫어진다. 면접관도 마찬가지다. 나를 설득해보라며 지원자를 뚫어지게 보고 있는데, 도대체 무슨 말을 하는지 모르는 지원자는 바로 탈락이다.

꽤 괜찮은 자랑거리가 있어도 정해진 시간 내에 서론, 본론, 결론을 잘 구분해서 이야기해야 한다. 그렇지 않고 이 말 했다가 저 말 하면 지원자가 갖고 있는 꽤 괜찮은 자랑거리는 면접관에게 하나도 보이지 않는다.

전달의 방식도 중요하다. 얼굴 표정, 면접관의 말을 경청하는 자세 하나하나가 설득의 요소가 된다. 특히 말끝을 흐리는 것은 백전백패다. 면접관은 지원자가 말끝을 흐리면 자신감이 없고 지금까지 말한 내용이 거짓일 가능성이 있다고 생각한다. 또한 입속에서 웅얼거리지 말고 확신에 찬, 강하면서 명쾌한 목소리가 중요하다.

이제 겸손의 미덕은 버려라. 내가 다 말하지 않아도 면접관은 알아들을 것이라고 생각하지 말라. 당당하면서 자신의 생각을 소신 있게 말하는 지원자가 면접관이 바라는 지원자의 모습이다.

지원자는 면접관의 질문에 답만 한다고 생각하지 말라. 면접 막바지에 이르면 면접관이 "회사에 궁금한 것이나 질문할 것이 있으면 하라"고 한다. 이때 질문은 무조건 해야 한다.

이력서와 자기소개서 검토가 약의 성분을 분석하는 과정이라면, 면접은 그 약이 정말로 효능을 갖고 있는지 테스트하는 임상 실험과 같다. 면접관에게 면접 자리는 이력서와 자기소개서 검토에서 발견한 지원자의 강점과 약점을 직접 확인하는 동시에 혹시라도 미처 발견하지 못한 강점이나 약점이 있는지를 파악하기 위한 자리다.

이러한 측면은 지원자 입장에서도 마찬가지다. 지원하기 전에 조사한 회사에 대한 정보가 정말 맞는지를 잠깐이나마 확인할 수 있는 자리다. 회사 밖에서 얻은 자료로는 미처 확인할 수 없는 '숨은 1센티미터'를 찾을 절호의 기회이기도 하다.

면접관이 질문하라고 할 때를 대비해 질문 리스트를 만들면, 면접 분위기에 맞는 질문을 통해 '숨은 1센티미터'를 찾을 수 있다. 이 시간은 지원자에게 매우 중요하다. 미처 몰랐던 긍정적인 점을 안다면 문제는 없지만, 만일 부정적인 점을 알게 된다면 취업을 재고할 수도 있다.

회사에 대한 정보를 알 수 있는 기회가 적은 현실에서 막상 입사를 해보니 자신이 생각한 것과 달라 혼란스러워하다가 그만두는 경우가 많다. 그렇게 되면 회사는 물론 지원자에게도 손해다.

면접관에게 질문하는 시간은 길지 않다. 하지만 그 질문을 통해 자신이 지원한 회사를 좀 더 파악하고 입사 결정을 고민할 수 있다면 들어가자마자 이직을 고민하는 우(愚)를 범할 확률은 줄어들 것이다.

3

면접의 위기 상황

면접의 중요성은 알지만, '면접'이라는 단어만 들으면 식은땀을 흘리는 취업준비생이 의외로 많다. 평소에 연습할 때는 잘되는데, 면접 자리에 가면 그렇게 되지 않아 아쉬워하는 경우도 많다. 왜 이런 일이 발생할까? 바로 예상하지 못한 질문이나 상황이 벌어져서 순발력 있게 대처하지 못했기 때문이다.

면접을 준비하면서 준비한 예상 질문이 면접관의 입에서 나오면 달달 외운 답안을 이야기하면 된다. 하지만 전혀 뜻밖의 상황이 벌어지거나 예상하지 못했던 질문이 나오면 지원자 대부분은 바로 긴장하는 바람에 당황하고 횡설수설하게 된다.

면접관이 "오늘이 결혼기념일인데 회사일 때문에 챙겨줄 수 없다. 부인에게 어떻게 했으면 좋겠냐?"라고 물어봤다. 그 질문에 지원자는 "저는 결혼하지 않았는데요"라고 동문서답을 하고 말았다. 질문을 제대로 이해하지 못했거나 너무 긴장해서 자기도 모르게 말실수를 한 것이다.

이런 경우 사람들 대부분은 면접관의 어리둥절해하는 얼굴을 눈만 껌뻑이며 쳐다보거나 무슨 말을 해야 할지 몰라 한다. 이럴 때는 우물쭈물해하거나 당황하지 말고 상황을 빨리 파악하고 수습해야 한다. "저는 결혼하지 않았는데요"라고 했다면 재빨리 "하지만 제가 만약 결혼을 해서 회사일로 결혼기념일을 챙겨줄 수 없다면, 부인에게 상황을 잘 설명하고 만회할 수 있는 기회를 차후에 반느시 만들겠습니다"라고 답하면 된다.

예상하지 못했던 질문이 나오면 당황하지 말고 다시 한 번 질문이 뭔지 물어서 생각할 시간을 버는 것도 방법이다. 그리고 이러한 질문의 답은 되도록 짧게 하는 게 좋다. 임기응변 형식으로 답해야 하기 때문에 길게 하면 오히려 횡설수설할 가능성이 높다.

면접관의 질문에 답하고 있는데 자기도 모르게 목소리가 점점 작아지는 경우도 있다. 면접관이 "목소리 좀 크게 해주세요"라고 지적하면 더 긴장해서 목소리를 떨기까지 한다. 그럴 때는 면접관에게 양해를 부탁하고 크게 심호흡을 한 다음 다시 답변하라. 점점 작아지는 목소리로 면접관의 귀에 거슬리는 것보다 차라리 숨을 고른 후 당당하게 이야기하는 것이 좋다.

이외에도 여러 가지 이유로 면접 자리에서 위기상황이 닥칠 수 있다. 상황이 다양한 만큼 해결책도 다양하겠지만 당황하지 않고 침착하게 대처하는 것이 가장 중요하다. 아무리 해도 진정되지 않으면 면접관에게 양해를 구하고 숨을 돌려라. 면접관이 싫어하지 않을까 걱정할 필요는 없다. 면접 시간 내내 불안한 모습의 지원자보다 침착하고 차분하려고 노력하는 지원자가 면접관에게는 더 편할 수 있다.

면접 조급증에 대비하라

텔레비전에서 '면접에 100번 낙방한 사람'을 본 적이 있다. 그는 학력, 외모, 실력, 매너 등 어느 것 하나 문제가 없었는데 면접만 보면 영락없이 떨어졌다. 그러다 보니 스스로 패배감과 자괴감에 빠져 더 큰 수렁에 내몰리게 되었다.

나는 그에게서 '면접 조급증'을 발견했다. 그는 거듭된 낙방으로 '면접 조급증'에 이어 이미 '면접 공포증'으로 악화되어 있었다. 그렇다면 과연 그는 어떤 모습을 보여주었을까?

그는 방송사가 준비한 모의 면접이 진행되는 동안 시종일관 '면접관이 듣고자 하는 모범답안'을 찾는 데 신경을 곤두세우고 있었다. 자신이 모범답안이라고 생각한 것이 면접관에게 좋은 인상을 주지 못하거나 부정적인 피드백을 받으면 심각한 패닉 상태로 빠져들었다.

그런 그의 모습 어디에서도 자기 자신에 대한 주체의식과 당당함은 찾아볼 수 없었고, 종속성과 비굴함만이 두드러지게 나타났다. 만일 내 주머니에서 돈을 꺼내가려고 일부러 내 비위를 맞추고 비굴할 정도로 아부하는 사람이 있다면, 그에게 신뢰와 안정감을 느낄 수 있을까? 이것이 그가 안고 있는 문제점이었다.

면접 자리에서 주체적인 참여자의 모습으로 스스로를 자리매김하지 못하면 백발백중 '면접 조급증'으로 이어지게 된다. 스스로가 절박하고 불안하기 때문에 어떻게든 주어진 면접 시간 동안 최선을 다해 자신을 치장하고자 신경을 곤두세우기만 한다. 하지만 그런 모습은 면접관에게 쉽게 간파당한다. 그런데도 자신이 왜 떨어졌는지를 모른다.

면접을 준비할 때 '면접에서 주체의식을 갖고 있는가?', '회사가 나를 면접하는 것뿐만 아니라 나도 회사를 면접한다는 분명한 목표의식을 갖고 있는가?', '자신의 강점을 알고 있고 이를 집중적으로 부각시킬 수 있는 방법과 노하우를 갖고 있는가?'라는 질문을 자기 자신에게 해야 한다. 그리고 스스로 그 해답을 찾기 위해 고민하면서 주체의식을 높여야 한다.

만일 그렇게 하지 않으면 면접 시간이 다가올수록 면접 조급증에 시달릴 가능성이 높다.

'나'를 어떻게 자리매김하고 강점을 어떤 방식으로 부각시킬 것인가에 대한 답을 찾아야 한다. 그렇게 된다면 면접은 '공포의 시간'이 아니라 '기쁨과 성취의 시간'이 될 것이다.

자신의 강점을 확실히 보여줘라

면접의 형태가 다양해지고 있다. 예전에는 면접관 1명과 지원자 1명의 형태가 대부분이었다면 지금은 면접관 2명과 지원자 1명, 면접관 3명과 지원자 5명 등 회사마다 다양하다. 숫자가 다양해졌다고 해도 면접에서 예나 지금이나 변하지 않는 사실이 있다. 바로 '자신의 강점을 최대한 많이, 확실히 보여줘야 한다'는 것이다.

필자에게 취업 상담을 부탁하는 지원자들 중 대부분은 면접의 공정성을 의심한다. 그들은 면접관의 질문에 대부분 무난하게 답변했고 면접관도 만족해했다고 생각했는데, 자신은 떨어지고 별로 대답을 잘한 것 같지 않은 다른 지원자가 붙었다고 토로한다. 어떤 경우엔 그 사람을 낙하산으로 의심하기까지 한다. 물론 실제로 낙하산일 가능성도 배제할 수는 없다.

그러나 면접관은 10가지 문항에서 모두 70점을 받는 지원자보다 문항 대부분에 60점을 받았지만 한 문항에서 90점 이상 받는 사람을 선호하는 경향이 많다. 채용하면 모든 분야를 관장해야 하는 사장이나 임원이 아니라 한 특정분야의 직무에 투입하기 때문이다.

결국 합격한 사람과 불합격한 사람 사이에 존재하는 중요한 차이는 한 사람은 무난한 인상을 주기 위해 시종일관 약점을 감추는 데 주력한 반면, 다른 한 사람은 약점을 있는 그대로 노출했지만 그런 가운데 강점을 더욱 확실하게 부각시키는 데 주력했다는 점이다. 이는 면접을 성공으로 이끄는 매우 중요한 열쇠다.

같은 회사를 지원한 지원자들에게 면접 시간은 다 똑같다. 그 시간 동안 자신의 약점을 감추려다가 면접관에게 말꼬리를 잡혀 식은땀만 흘리면서 버티는 것보다 자신의 강점이 하나면 그 하나만 계속 부각시키는 것이 훨씬 유리하다.

자신의 강점으로 승부한 사람들 중에 의외의 수확을 얻는 경우도 많다. 기술직을 뽑는 자리에 지원했는데, 면접을 보다가 관리직에 더 능력이 있는 것으로 판단되어 관리직으로 입사하기도 한다.

모두에게 똑같이 주어진 30분의 시간을 식은땀만 흘리다가 끝낼 것인가, 아니면 20분은 식은땀을 흘려도 나머지 10분은 콧노래를 부르면서 자신의 강점을 어필할 것인가?

자신의 강점을 면접관에게 어필하기 위해서는 논리력과 표현력이 바탕이 되어야 한다. 그러기 위해서는 독서, 신문 읽기, 글쓰기가 필요하다. 하지만 하루아침에 되지 않으니 하루라도 빨리 시작해야 한다.

독서는 정독(精讀)보다 다방면의 다독(多讀)이 좋다. 세상은 단면이 아니라 모든 것이 연결되어 있기 때문에 다양한 지식을 아는 것이 더 유리하다.

신문을 매일 읽는 것은 필수다. 세계 곳곳의 소식을 빠르게 알 수 있고, 사회적 이슈나 쟁점에 대해 심층적으로 분석한 기사가 논리적 사고에 도움이 된다.

글쓰기를 꾸준히 하는 것도 좋다. 글쓰기를 통해 머릿속에만 있던 생각을 구체적으로 정리하면서 자신의 생각에 빈틈은 없는지, 논리가 타당한지 등을 고민할 수 있다.

면접관을 고객으로 생각하라

회사가 존재하는 이유는 재화나 서비스를 고객에게 제공해서 얻은 대가로 수익을 만드는 데 있다. 따라서 회사에 가장 중요한 것은 바로 물건이나 서비스를 제값 주고 사주는 고객이다.

면접관은 면접이 시작되는 순간에 스스로를 고객으로 생각하고 지원자를 지원한 분야에 맞춰 한 사람은 기획팀, 한 사람은 마케팅팀에 있는 직원인 것처럼 머릿속에 그리면서 질문을 던진다.

이러한 면접관의 생각을 지원자는 분명히 알고 있어야 한다. 고객에게 물건을 팔 때 물건의 겉모습만 보여주면 구매로 이어지지 않는다. 이 물건이 왜 고객에게 필요한지, 고객에게 어떤 도움을 줄지 등을 설득해야 한다.

면접 때도 마찬가지다. 자신이 외국어를 잘하고 컴퓨터 능력이 뛰어나다는 것만으로 면접관의 눈에 띄기가 어렵다. 자신이 가진 능력이 고객인 면접관에게, 회사에 어떤 이점을 줄 수 있는지 설득해 면접관이 인정할 때에야 비로소 지원자의 강점으로 부각된다.

필자의 친구는 누구나 들으면 알 만한 회사에 입사했다. 물론 그의 스펙은 지방에 있는 대학교 출신에 평균 학점도 B 정도였다. 그는 꾸준하게 기획부문에 지원했는데, 서류 전형에서 계속 고배를 마셨다. 그러다가 한 회사에서 면접을 볼 기회를 잡았다.

친구는 며칠 동안 밤을 새며 남들이 볼 때 유치해 보일 수도 있지만 경쟁사 분석뿐만 아니라 향후 회사가 나아갈 방향, 신제품 콘셉트까지 최선을 다해 프레젠테이션을 만들었다. 면접 당일에 그 친구처럼 철저하게 준비한 사람은 한 명도 없었다. 면접관들에게 미리 프린트한 프레젠테이션 자료를 나눠주고 면접 시간 동안 최선을 다해 발표했다. 나중에 들어보니 그 친구만 합격했다고 했다. 면접관이 그 친구의 성실함을 높이 산 것이다.

물건을 팔 때도 마찬가지다. 고객은 말만 번지르르한 판매원보다 자료도 보여주면서 열심히 설명하는 판매원에게 호감을 더 느낀다. 면접 자리에서 고객인 면접관도 마찬가지다.

마케팅에 지원했다면 면접하는 내내 면접관들과 마케팅에 관해서 어느 정도는 토론할 수 있어야 한다. 자세한 정보는 회사에 들어가서 알게 되겠지만, 자신이 지원한 분야의 기본적인 내용은 어느 정도 알고 있어야 면접관도 만족해한다. 그 준비성, 열정을 높이 평가하는 것이다. 물건에 대해 질문을 했는데 잘 모르는 판매원보다는 성심성의껏 답변해주는 판매원을 더 신뢰하는 고객처럼 말이다.

3장

인사부장을 인터뷰하다

JOB

삼성, SK, 현대자동차, LG, 포스코, 국민은행 등 우
리나라 경제를 대표하는 회사들의 인사부장이 전하
는 회사의 인재상, 채용절차, 지원자라면 알아야 하
는 그 회사의 필수 정보, 직원에 대한 회사의 복지 제
도 등을 담았다. 여기에 나와 있는 회사에 지원하려면
반드시 알아야 하는 정보다. 다루지 않은 회사를 지원
한다 해도 이 장에서 다룬 내용을 참고하면 큰 도움이
될 것이다(이번 장은 '인재상―채용절차―인사부장의 조
언―인사부장이 말하는 직원에 대한 회사의 투자'의 구성으
로 되어 있다. '인사부장이 말하는 직원에 대한 회사의 투
자'에서는 회사 대부분이 경조금·자녀 학자금·주택 구입비
및 임차료 지원, 사내 동호회·여가 및 레저 생활 후원, 휴양
시설 지원, 사내외 직원 교육, 건강검진 지원 등을 진행하고
있다. 이런 부분들은 중복되는 경우가 많아 간단하게 정리
했고, 대신 해당 회사만의 차별화되고 특징적인 부분에 초
점을 뒀다.)

삼성

❖ 인재상

'창의·열정·소통의 가치창조인'을 인재상으로 삼고 있다. '창의의 가치창조인'은 자기주도적으로 학습하고 창의적 감성과 상상력을 발휘해 변화를 선도하는 인재, '열정의 가치창조인'은 열정과 몰입으로 미래에 도전하며 일에 대한 열정 및 조직에 대한 일체감과 자부심을 가진 인재, '소통의 가치창조인'은 열린 마음으로 세대·계층·지역 간 벽을 넘어 공감적 소통과 개방적 협업으로 새로운 가치를 창출하는 인재를 말한다.

❖ 채용절차

서류 전형 ···▸ SSAT 전형 ···▸ 면접 전형 ···▸ 건강 검진

❖ 인사부장의 조언

삼성의 채용 과정은 크게 3가지 단계로 구분된다. 먼저 서류 전형인데, 기본 자격 요건은 대졸 3급 사원의 경우 전 학년 평점 3.0 이상이면(4.5 기준) 지원 가능하다. 여기에 영어 지원직 기준으로 오픽(OPIc) IM(Intermediate Mid, 중중)등급 이상, 토익 스피킹 레벨 5로 응시 하한선을 두고 있다.

서류 전형을 통과하면 삼성직무적성검사인 SSAT 전형에 응시할 수 있다. SSAT(Sam Sung Aptitude Test) 전형은 진취적이고 창의적인 인재를 선발하는 도구로서 기초능력 검사와 직무능력 검사로 나눠 평가한다. 외국어, 직무 관련 특수자격증 소지자는 평가 때 우대를 받는다. 전 계열사의 지원자가 같은 날 실시하는 SSAT의 결과에 따라 상위 30%에 해당하는 인원에 한해 면접 기회가 주어진다.

면접 전형은 인성면접과 프레젠테이션면접, 집단 토론 등 3단계를 거쳐 진행된다. 실무형 인재를 선발하기 위해 1시간 집중 면접제 도입 등으로 지원자의 자질과 역량을 다각적으로 검증하는 시스템을 마련했다.

인성면접에서는 개별 질문을 통해 지원자의 기본 인성 및 적응성을 중점적으로 평가하며(시간은 1인 10~20분), 프레젠테이션면접에서는 개인의 역량에 대한 평가가 집중적으로 점검되는데 직군별 기본실무능력 및 활용 가능성을 중점적으로 평가한다(시간은 1인 10~20분). 직군별 전문성이 있는 주제에 대해 응시자가 의견을 개진해 자신의 가치관과 감각에 맞도록 전문지식, 경험, 포부, 열정을 스스로 표현할 수 있다.

마지막 집단 토론에서는 조직 사회 내에서 구성원들과 함께 어울릴 수 있는 사회성을 평가하는데, 직군별로 전문성이 있는 주제에 대해 응시자끼리 서로 의견을 나누고 지원자의 논리력·설득력·의사소통능력 등을 종합적으로 평가한다(시간은 4~6인 1조 40분).

특히 면접 전형과 관련한 준비를 많이 할 것을 당부한다. 마지막으로 2011년 9월 하반기 3급 신입사원 모집부터 중국어 어학자격증 소지자에게는 가점이 부여된다.

❖ 인사부장이 말하는 직원에 대한 회사의 투자

● 임금체계

개인의 능력과 업적에 따른 진정한 성과보상을 실현하기 위해 삼성형 연봉제를 실시하고 있다. 매년 근속에 따라 자동적으로 임금이 올라가는 호봉 승급제를 폐지하고, 삼성형 연봉제를 통해 누구나 능력과 업적에 따라 대우받을 수 있는 급여체계를 정착시켜 나가고 있다. 이와 함께 생산성격려금 제도 등 다양한 인센티브 시스템을 도입해 경영성과가 우수한 부서나 집단에 대해서는 성과를 공유하고 있다.

연봉은 기본급과 능력급으로 구성되어 있다. 기본급은 임·직원들의 기본생활을 보장하기 위해 직급별로 동일한 금액을 지급한다. 전년도 업적과 능력에 따른 차등 임금항목의 일종인 능력급은 개인의 업적과 능력 발휘 정도를 공정하게 평가하고 그 결과에 따라 차년도 능력급을 차등해 지급한다.

● 생산 격려금

경영목표를 달성하는 과정에서 임·직원의 집단적 노력을 유도하기 위해 기업의 경영, 인적자원, 설비, 기술 등의 효율적 운영결과로 발생된 경영성과 중 일부를 종업원의 생산성 향상에 대한 보상으로 지급하는 별도의 집단성과급 제도다.

● 이익분배제도

회사나 사업부 단위로 최종 경영성과가 경영목표보다 초과했을 경우, 경영목표 초과이익의 일정 부분을 임·직원에게 집단성과급의 형태로 골고루 배분하는 변동적 보상제도다. 최종 경영성과의 크기에 따라 임·직원의 보상을 직접 결정하는 이익분배제를 통해 임·직원의 기업가 정신을 고취하고 회사의 경영성과에 대한 임·직원의 관심을 제고하고 있다.

● 지원제도

직원 자신과 가족의 건강, 자녀 교육, 주택 마련, 노후 대책 등 모든 직장인이 고민하는 문제에 대해 회사 차원에서 문제 해결에 적극적으로 참여해 좀 더 질 높은 삶을 추구하도록 하고 있다. 현재 실시하고 있는 복리후생 관련 지원제도는 주택 및 주택 구입비 지원(임대 아파트 제공, 지방 근무자를 위한 사택 지원, 주택 구입 및 전세자금 지원 등), 자녀교육 지원, 여가생활 지원, 의료 지원(정기검진 등), 퇴직자 창업 지원, 노후생활 지원 등이 있다.

현대자동차

❖ 인재상

현대자동차의 인재상은 크게 5가지로 구분된다. '도전'은 실패를 두려워하지 않으며 신념과 의지를 갖고 적극적으로 업무를 추진하는 인재, '창의'는 항상 새로운 시각에서 문제를 바라보며 창의적인 사고와 행동을 실무에 적용하는 인재, '열정'은 믿음을 바탕으로 회사 고객을 위해 업무를 주도적으로 수행하며 본인이 끝까지 책임지는 인재, '협력'은 타 조직을 존중하며 시너지 제고를 위해 타 조직과 방향성을 공유하고 타인들과 적극적으로 협동하는 인재, '글로벌 마인드'는 글로벌 상황에 대한 통찰력을 바탕으로 글로벌 네트워크를 활용해 전문성을 계발하는 인재를 말한다.

❖ 채용절차

서류 전형 ⋯▶ HKAT 전형 ⋯▶ 면접 전형 ⋯▶ 신체검사

❖ 인사부장의 조언

온라인으로 제출한 지원서를 바탕으로 지원자의 전공, 어학, 관심도, 사회활동, 기본인성 등을 종합적으로 검토한다. 지원서의 내용은 부문별로 전형위원과 인사담당자가 면밀히 검토한다.

서류 전형 합격자는 HKAT(Hyundai Kia Aptitude Test)를 받게 된다. 적성검사와 인성검사로 이뤄진 현대자동차그룹의 인·적성 평가 시스템이다. 적성검사에서는 어휘력과 수리력, 분석력 등 업무 관련 9가지 인지적 특성을 90분 동안 평가한다. 인성검사에서는 성격 특성과 직무지향성 검사를 50분 동안 실시한다.

면접 전형은 1차와 2차 두 차례 진행된다. 1차 실무토의 면접은 다(多) 대 다(多) 방식으로 이뤄지는데 전공 및 지원 분야, 자동차 산업 전반의 지식과 시사 평가를 중점적으로 본다. 이어지는 핵심 역량 면접은 다 대 일 방식으로 진행한다. 그룹 핵심 역량 및 인성 평가가 이뤄진다. 영어면접에서는 5개 영역에 대해 원어민과의 회화테스트가 진행된다.

마지막인 2차 임원면접에서는 다 대 다 방식으로 제한 시간에 형식과 내용에 제한 없이 자신만의 경쟁력을 PR하는 100초 스피치를 실시하고 기본 인성과 전공지식 전반에 대한 심층 면접이 이

뤄진다. 글로벌 완성차 업계로 성장한 만큼 지원자의 글로벌 마인드를 중점적으로 평가한다.

여러 단계로 진행되는 면접에서 본인의 능력을 최대한 발휘해야 한다. 특히 임원진 앞에서 진행되는 100초 스피치는 평소 준비하지 않으면 당황할 수 있는 만큼 면접 전에 미리 준비할 것을 당부한다.

❖ 인사부장이 말하는 직원에 대한 회사의 투자

● 임금체계

성과와 업적에 기반을 둔 공정한 급여체계와 국내 제조업계 최고의 급여 수준을 보유하고 있다. 1997년부터 과장(연구직 책임) 이상에 대해서는 개인의 업적에 따라 급여를 자동 책정하는 연봉제를 실시해 개인의 노력과 성과를 급여에 적절히 반영할 수 있도록 하고 있으며, 회사의 경영목표를 초과 달성하면 성과분의 일부를 직원들에게 배분하고 있다.

● 인재육성

역량 중심의 교육과정 운영: 임·직원이 갖춰야 할 역량을 핵심 공통역량, 리더십역량, 직무역량으로 구분하고 각 직급별, 수준별로 차별화된 교육과정을 개발해서 진행하고 있다. 또한 사내외 다양한 교육 수강을 통해 자신의 부족역량에 대한 교육을 받을 수 있도록 지원하고 있다.

글로벌 역량 강화: 해외 직무연수를 통해 업무 분야별 최신 이론 및 실무 지식을 습득할 수 있도록 하고 있다. 또한 외국어 집중 과정과 사이버 어학 과정, 전화 영어·중국어 지원을 통해 글로벌 역량을 강화할 수 있도록 지속적인 투자를 한다.

현대자동차 학습센터 운영: 직원 개인이 필요한 교육과정을 온라인으로 신청해 원하는 때에 학습할 수 있도록 지원하고 있다.

사이버 학습 사이트 운영: 어학 및 직무, 경영특별 교육과정, 자료실, 커뮤니티, 교육이력 관리 등을 사이트를 통해 지속적으로 수행할 수 있다.

신입사원 입문교육: 이론 교육 및 체험 교육으로 구성되어 신입사원들이 그룹의 경영이념을 이해하고 조직 적응력을 키울 수 있도록 하고 있다. 특히 신입사원들이 회사에 조기 적응할 수 있도록 교육 중 상시 상담 및 조언을 해주는 선배 담임제를 운영하고 있다.

● 지원제도

재직 중인 직원 및 가족이 사회생활을 영위하는 데 필요한 최대한의 편의를 제공하고 있다. 주거, 질병, 노후, 교육 등 어려움에 직면하는 각종 불안의 해소를 통해 소속감을 제고하고, 가족 여가 활용제도 및 다양한 복지행사, 포상(차량 할인 지원 등) 등을 통해 양질의 인력 배양에 힘쓰고 있다.

❖ 인재상

모든 구성원이 갖춰야할 자격 요건을 SK 시티즌십(Citizenship)으로 정의하고 있다. 이것은 SK Values(SK 가치), 패기, SKMS 실천역량, 셀프 리더십(Self-Leadership) 등으로 구성된다.

SK 가치는 회사와 개인의 발전을 동일시하는 자세로 회사의 영구 존속·발전을 위해 헌신하고 이를 통해 행복을 창출하고 나누겠다는 의지를 담고 있으며 회사 경영철학에 관한 확신과 열정을 의미한다. 자발적·의욕적으로 두뇌를 활용해서 극대화를 통해 경영활동에 임하며, SUPEX(SUPerEXcellent)를 추구해 높은 경영성과를 달성하려는 자세다. 또한 목표를 높게 설정하고 이를 달성하기 위해 창의적이고 도전적인 자세로 해결하는 적극적 사고, 어떠한 장애요인도 극복해 설정된 목표를 달성하는 진취적 행동, 자기가 맡은 일은 계획부터 마무리까지 책임지고 완수하는 일 처리 등을 말한다.

SKMS 실천역량은 기업경영의 본질 이해, 담당 업무에 대한 전문지식, 경영활동의 기초지식을 취득하면서 다양한 문화를 수용하고 글로벌 사업수행에 필요한 능력을 갖추며(Globality), 경영활동 수행에 따른 대인관계에서 이성과 자제력을 갖고 바르게 행동한다(Business Manner)는 의미를 갖고 있다.

SKMS(SK Management System)는 1979년 기업문화로 정립하고 SK 모든 구성원의 합의를 통해 만들어진 SK 고유의 경영관리 체계로, 'SK의 경영철학이자 수행방법'이다. SKMS의 정립 배경은 경영의 본질을 바르게 알며 SK인(人) 모두가 합의하고 이해하는 경영에 대한 '통일된 정의'를 내려 체계적인 경영관리 체계를 이루기 위한 의사결정 기준을 세우기 위해서다. 정립 의의는 실제 경영에 관한 오랜 경험과 상당 기간에 걸친 연구 노력으로 정립된 SK만의 독특한 경영기법을 갖춰서 세계적인 일류기업으로 발돋움하기 위한 디딤돌을 구축한 데 있다.

셀프 리더십은 심신의 건강과 가정을 포함한 원만한 생활을 유지하고 행복 실천의 주체로서 자기관리를 하며, 회사 내 상하 동료 및 주변 사람들과 상호 신뢰와 존중에 기반을 둬 행복을 창출하고 나누며 더불어 성장하고자 하는 자세를 갖추자는 의미다.

　SK는 강한 기업문화가 지속 가능한 성장과 발전의 원천이라는 확신을 갖고 있다. 기업의 최대 자산은 조직 구성원이며 높은 직원 만족도가 좋은 고객 서비스를 창출한다고 생각하기 때문이다.

❖ 채용절차

서류 전형 ⋯▸ SK종합적성검사 ⋯▸ 면접 전형 ⋯▸ 건강 검진

❖ 인사부장의 조언

　학사 학위 이상이면 성별과 전공 제한 없이 지원할 수 있다. 어학 능력과 관련해서는 토익 스피킹, 오픽 등 영어구술시험 성적을 제출한 지원자에게 가산점을 부여한다.

　서류 전형에서는 지원자의 학력, 경력과 모집 직무와의 연관성을 검토하고 결격사유의 유무를 확인한다. 특히 지원자가 직접 기술한 자기소개서의 경우 HR 부서와 현업 관련 부서가 공동으로 검토하며, 이를 통해 지원자 개개인의 가치관이 SK가 지향하는 가치관과 얼마나 부합하는가를 면밀히 검증하고 있다.

　서류 전형을 통과하면 SK종합적성검사를 본다. 신입사원 및 인턴 선발 등 대규모 채용전형의 경우 서류 전형을 통과한 인원을 대상으로 SK만의 필기 전형인 SK종합적성검사를 실시한다. SK 종합적성검사는 SK의 인재상에 적합한 우수인재를 객관적으로 검증하기 위한 도구로서, 국내 회사 중 최초로 1980년에 과학적인

심리검사를 채용과정에 도입한 이후 매년 검사의 신뢰도와 타당도를 제고하기 위한 개정작업을 거쳐 현재 SK의 중요한 인재선발 도구로 활용되고 있다. 인성 검사와 적성 검사로 나뉘며 인성 검사에서는 기본적으로 인간성과 사회적응력, 사교성, 대인관계 등을 평가한다. 적성 검사에서는 8개 적성요인을 통해 실무능력을 평가한다. 현재 영어, 중국어 버전까지 개발되어 활용되고 있다.

SK종합적성검사를 통과하면 면접 전형이다. 면접 전형은 기본적으로 1차 실무면접과 2차 임원면접으로 진행된다.

실무면접은 합숙면접과 프레젠테이션, 토론, 영어회화 면접 등으로 구성된다. SK는 지원자의 가치관, 성격의 특성, 보유 역량의 수준 등을 종합적으로 검증하기 위해 계열사별로 점점 다양한 면접방식을 진행한다. 대상자별, 회사별로 차이는 있으나 프레젠테이션, 그룹 토론(Group Discussion), 심층 면접 등 최대 1~3회 이상의 심도 있는 면접 과정을 거쳐 지원자의 역량을 철저히 검증한다. 임원면접은 실무면접을 통과한 지원자들을 대상으로 그룹의 인재상과 맞는 인성을 갖춘 인재를 선발하기 위한 과정이라고 생각하면 된다.

임원면접은 기본적인 인재상에 맞춰 준비하면 되지만, 실무면접은 그룹 내 계열사마다 면접 종류가 상이하므로 지원하는 계열사에 맞춘 전략이 필요하다.

최근에는 지원자의 글로벌 커뮤니케이션 능력을 검증하기 위한 외국어 구술 면접이 점차 확대되고 있다.

❖ 인사부장이 말하는 직원에 대한 회사의 투자

● 임금체계

역량과 업적에 따른 성과지향적 임금체계를 운영하고 있으며, 총보상(Total Compensation) 관점에서 보면 동일 업종에서 경쟁력 있는 수준을 유지하고 있다. 특히 회사의 성과에 따라 추가적으로 지급하는 인센티브 제도를 적극적으로 운영해 회사가 탁월한 경영성과를 창출하면 구성원들이 그 성과를 함께 나눌 수 있도록 하여 회사와 구성원이 동시에 성장·발진하도록 하고 있다.

● 지원제도

직원들이 생활의 안정을 통해 회사와 개인의 발전에 전념하도록 하는 한편, 건전한 취미와 레저 활동을 통해 풍요로운 삶을 누릴 수 있도록 우리사주조합, 자녀 학자금 지원 등 복리후생 지원에 최선을 다하고 있다.

LG

❖ 인재상

'LG Way에 대한 신념과 실행력을 겸비한 사람'을 선발하고 있다. 꿈과 열정을 갖고 세계 최고에 도전하는 사람, 고객을 최우선으로 생각하고 끊임없이 혁신하는 사람, 팀워크를 이루며 자율적이고 창의적으로 일하는 사람, 꾸준히 실력을 배양해 정정당당하게 경쟁하는 사람을 말한다.

❖ 채용절차

LG CNS: 서류 전형 ⋯▸ 필기 전형 ⋯▸ 면접 전형 ⋯▸ 신체검사

LG상사: 서류 전형 ⋯▸ 회사 설명회 ⋯▸ 면접 전형 ⋯▸ 신체검사

LG생명과학, LG유플러스, LG MMA, 하이로지스틱스: 서류

전형 ⋯→ 면접 전형 ⋯→ 신체검사

서브원: 서류 전형 ⋯→ 면접 전형(1·2차) ⋯→ 신체검사

LG생활건강: 서류 전형 ⋯→ 직무능력검사 전형 ⋯→ 면접 전형 ⋯→ 신체검사

LG엔시스, LG이노텍, LG화학, 하이프라자, LG디스플레이, LG실트론: 서류 전형 ⋯→ 인·적성검사 ⋯→ 면접 전형 ⋯→ 신체검사

LG전자: 1차 서류 전형 ⋯→ 인·적성검사 ⋯→ 2차 서류 전형 ⋯→ 면접 전형 ⋯→ 신체검사

이외 LG의 다른 주요 계열사: 서류 전형 ⋯→ 인·적성검사 ⋯→ 면접 전형

❖ 인사부장의 조언

지원 자격은 학점 3.0 이상(4.5 기준), 어학은 토익 점수 기준 이공계 600점, 인문계 700점 이상이다. 채용절차는 계열사 별로 상이하지만 기본적으로 서류 전형, 면접 전형, 신체검사 순으로 이어지는 3단계가 적용된다.

서류 전형에서는 지원자가 지원한 희망 직무와 희망 근무지를 중심으로 실시하며, 지원자의 능력과 자질을 종합적으로 고려해 심사가 이뤄진다.

면접 전형에서는 직무수행을 위한 기본지식과 역량·직무별 적성 등을 확인하고 임원면접을 통해 기본 자질, 교양, 가치관 인

성·품성 등 종합적인 인물 평가가 이뤄진다.

인·적성검사가 있는 계열사의 경우 인·적성검사는 적성검사와 인성검사로 구분된다. 적성검사의 경우 언어와 수리로 나뉘어 있고 인성검사는 인재상과의 적합성 여부를 평가한다.

LG에 지원한다면 자기소개서 작성에 중점을 두라고 조언하고 싶다. 지원자의 기초 소양과 역량을 알아보기 위한 자료로 다른 그룹사 대비 많은 분량의 자기소개서를 요구한다. 이처럼 많은 양의 자기소개서를 요구하는 이유는 결과보다 과정에 대해 중요하게 생각하는 조직문화 때문이다.

LG는 계열사별로 일부 전형에 차이를 보이고 있다. 이 때문에 본인이 지원하는 계열사를 정해 집중적으로 준비하는 것이 중요하다. 회사에 따라 인·적성검사를 실시하는 곳과 필기시험을 실시하는 곳 등 차이가 나므로 본인이 원하는 직종에 맞는 채용 전략을 짤 것을 조언한다.

❖ 인사부장이 말하는 직원에 대한 회사의 투자

● 임금체계

계열사별로 상이하지만 회사규정에 따라 지급하도록 되어 있다. 기본급 이외에 인센티브와 성과급 등이 제공된다.

● 지원제도

직원이 회사 일에 집중할 수 있도록 다양한 복리후생 관련 지원제도를 시행하고 있다. 주택 관련 자금 지원(주택 구입 및 전세 자금 지원, 기술원과 공장 근무자에게는 사택이나 기숙사 제공), 우리사주조합 운영(주식을 발행할 때 발행주식 총수의 20% 범위 안에서 우선 배정함), 회사생활 지원(통근버스 운행, 장기근속자에게 포상 및 여행 지원 등), 선택적 복리후생(사전에 설계된 다양한 복지항목을 임·직원 개개인의 필요에 따라 개인별로 부여되는 복지예산의 범위 내에서 선택하는 방식) 등이 있다.

롯데

❖ 인재상

현재의 모습이 아닌 미래를 만들어가는 가능성에 더 높은 가치를 두고 있으며, 자신의 성장과 함께 사회를 좀 더 성숙시켜 나갈 열정과 책임감을 갖춘 글로벌 인재이자 '사랑이 넘치는 세상', '자유가 숨 쉬는 사회', '풍요로운 삶'을 누리는 미래를 만들어 가는 롯데와 일치하는 마인드를 가진 인재다.

특히 입사를 지원하는 젊은 취업준비생에게는 다음과 같은 모습을 찾고 있다. 실패를 두려워하지 않고 성공을 위해 도전하는 패기와 투지를 가진 사람, 무모함이 아닌 진정한 실력으로 성공을 쟁취하기 위해 자식과 능력을 끊임없이 단련시키는 사람, 협력하고 양보할 줄 아는 미덕을 가진 사람이 그 모습이다.

❖ **채용절차**

서류 전형 ⋯▶ 인·적성검사 ⋯▶ 면접 전형

❖ **인사부장의 조언**

채용은 매년 상·하반기 2회이며 상반기는 3월~5월, 하반기는 9월~11월에 정기적으로 공개모집을 통해 이뤄진다. 채용일정과 모집공고는 그룹 공동으로 진행하며 면접 전형과 합격자 선발은 계열사별로 진행된다.

서류 전형은 회사가 추구하는 인재상에 적합한 지원자를 선발하기 위해 자질 및 가치관을 다양한 측면에서 심사하는 단계로 입사지원서의 기재사항에 대한 사실 여부를 확인한다.

인·적성검사는 지원자의 기본적인 자질 평가를 위한 인성 중심의 기초능력검사 형태로 진행된다.

가장 중요한 절차는 면접 전형이다. 정규직 사원 선발의 경우 통합 면접 방식이 적용된다. 지원자의 역량, 가치관 및 발전 가능성을 종합적으로 심사하는데 다양한 면접방식으로 실무면접과 임원면접을 통합해 1일 동안 진행한다.

1차 실무면접은 심층면접, 집단면접, 기술면접, 프레젠테이션 면접, 외국어 인터뷰 등 계열사별로 다양한 형태로 진행된다. 여기서 지원자의 잠재 능력과 전공, 희망 직무, 시사 상식 등에 대한 광범위한 질문이 이뤄진다.

2차 임원면접에서는 회사에서 중요하게 여기는 인성과 창의성, 조직 적응 능력을 중심으로 진행된다. 주로 다 대 다 면접 형식으로 진행되며, 일상적이고 기본적인 질문이 지원자에게 주어진다.

요즘은 인턴사원제를 활용한 정규직 전환 채용이 늘고 있는 추세다. 보통 하계 인턴과 동계 인턴으로 두 차례 선발한다. 방학을 이용해 인턴 경험을 할 수 있는 점이 대학 재학생들에게는 좋은 기회다. 정규직 전환 비율도 2008년 80%에서 점차 상승해 2010년에는 90% 대에 이르고 있으니 인턴사원제를 눈여겨볼 필요가 있다.

❖ 인사부장이 말하는 직원에 대한 회사의 투자

• 임금체계

연봉제와 호봉제를 통합해 운영하고 있으며, 각 계열사의 특성에 따라 임금 등 보상시스템에 자율성을 보장하고 있다. 주로 업종 특성과 노동시장의 임금 특성을 조사해 임금 수준을 결정하며, 동종업계 상위 수준을 유지하고 있다. 또한 성과주의를 기초로 해 구성원 각각에 대해 차등적인 보상을 한층 강화하고 있으며, 경영 및 업무성과가 목표에 초과달성하면 직원들에게 일부를 분배해 만족과 보상을 주는 임금체계를 구성하고 있다.

• 지원제도

지방 근무자에게는 사택을 제공하고 주택 구입 및 전세 자금 대

출 지원제도를 시행하고 있으며, 초등학교부터 대학교까지 자녀
에 대한 학비 전액 지원 등 다양한 방법으로 직원의 복지에 노력
하고 있다.

POSCO
포스코

❖ 인재상

창조적 혁신의 '포스코 3.0'을 이끌어나갈 수 있는 인재로 '세계인', '창조인', '실행인'으로 정리된다.

세계인(글로벌 역량, 개방성)은 세계에서 활약할 수 있는 글로벌 역량과 다양성을 존중하는 열린 사고를 가진 인재를 말한다. 글로벌 시대를 이끌어나갈 수 있는 국제 감각, 비즈니스 매너, 어학 및 IT 등 커뮤니케이션 능력, 열린 사고와 행동으로 다양성과 차이를 존중하고 배려함으로 신뢰관계를 형성하는 자질이 요구된다.

창조인(도전정신, 창의력)은 최고 수준의 목표를 달성하기 위해 불굴의 의지와 열정으로 끊임없이 도전하고, 독특한 시각과 접근으로 새로운 가치를 창출하는 인재를 말한다. 최고가 되기 위해 스스로 높은 수준의 목표를 추구하고 어떠한 난관에도 굴하지 않는 의지와 열정, 현상과 문제를 새로운 관점에서 바라보고 분석하고 통합하여 독창적인 대안과 해결책을 제시하는 능력이 요구된다.

실행인(전문역량, 직업의식)은 자기 분야에 대한 전문적인 기술 및 식견과 직업의식을 갖고 맡겨진 임무를 끝까지 완수하는 인재를 말한다. 자기 분야에 대한 전문적인 기술 및 노하우 그리고 폭넓은 안목과 식견을 갖고 건전한 사고와 윤리의식을 갖춘 사람, 기본과 원칙에 충실하고 자신의 일에 긍지와 자부심으로 과업을 끝까지 책임지는 사람이다.

❖ 채용절차

기본자력 평가 ⋯▸ 직무역량 평가 ⋯▸ 가치적합성 평가

❖ 인사부장의 조언

1단계 전형은 기본자력 평가다. 학력(전공, 학점 등), 경력, 어학성적, 전문자격증, 사회활동 등 지원서에 기재된 사항을 중심으로 진행되므로 지원서는 사실 그대로 성실하게 작성해야 한다.

2단계 전형은 직무역량 평가다. AP(Analysis & Presentation: 문제해결사례 분석발표), GD(Group Discussion: 제시주제에 대한 집단 토론), ST(Specialty Test: 이력·조직 적합성, 전공지식), OT(Oral Test: 영어구술능력 평가, 기본 인성 및 심리적 안정성 검사 등의 인성 검사)

로 진행된다.

AP는 제시된 업무과제에 대한 분석·발표 및 질의응답을 통해 개인의 업무수행능력을, GD는 제시된 주제에 대해 6~7명이 집단 토론을 실시하며 토론과정을 통해 조직적 업무 수행능력을 평가하는 단계다.

ST는 조직과의 적합성을 평가하는 면접(ST1)과 전공지식을 평가하는 면접(ST2)으로 나뉘어 진행되며, OT는 외국인과의 인터뷰를 통해 영어구술능력을 평가받고 마지막으로 외부전문기관의 검사설문지를 활용해 기본 인성과 심리적 안정성을 평가한다.

2단계 통과자들은 마지막으로 가치적합성 평가를 받는다. 지원자의 기본 인성 및 가치관, 태도 등을 종합적으로 평가하는 단계로 인사담당 임원 등과의 면접으로 진행되며, 1인당 10~20분 정도 소요된다.

2010년부터 채용을 인턴사원제와 연계해 실시하고 있다. 이 때문에 학문 위주의 인재보다는 실무 중심의 인재가 부각되고 있다. 인턴이 되면 실무 경험을 하면서 회사 생활에 잘 적응하고 도움을 줄 수 있는 인재라는 점을 어필할 필요가 있다.

❖ 인사부장이 말하는 직원에 대한 회사의 투자

● 직급체제

직책 유무에 관계없이 일정 수준의 능력과 자력을 갖춘 직원에게는 직능자격을 부여하는 직능자격 체제를 취하고 있다. 학력 구분이 없는 단일 직능자격 등급을 운영하고 있으며 직능자격과 직책을 분리, 운영하고 있다.

- 임금체계

월급제와 연봉제를 운영하고 있으며 월급제는 '기본 임금＋상여금', 연봉제는 '기준 연봉＋업적 연봉'을 원칙으로 지급하고 있다. 모두 경영 성과금이 지급된다.

- 지원제도

미혼 직원을 위한 생활관 건립 운영, 무주택 직원을 위한 주택자금 대부, 생활안정 지원을 위한 생활안정자금 대부, 자녀 학비 지원, 학교 설립을 통한 교육환경 조성(포스코교육재단 운영), 영유아 보육시설 운영, 직원 개인에게 복지카드를 발급해 개인의 예산 범위 내에서 사용하게 하는 선택형 복리후생제도 등을 시행 중이다.

한화

❖ 인재상

신의를 지키는 사람: 가족, 동료, 회사, 고객, 사회와의 약속을 지키며 그룹이 추구하는 근본적 가치를 공유하고 이를 구현하기 위해 노력하는 사람, 올바른 마음가짐과 성실을 바탕으로 남을 배려할 줄 알며 인간적 매력을 바탕으로 주변에 호감을 주는 따뜻한 사람.

창의와 열정을 갖고 도전하는 사람: 현재에 안주하지 않고 끊임없이 더 높은 목표를 향해 스스로 도전하며 실패를 두려워하지 않고 열정적으로 일하는 사람, 열린 사고와 문제의식을 통해 더 나은 방안을 창출해내고 동료와의 협력을 통해 설정한 목표를 반드시 달성하는 추진력이 있는 사람.

맡은 분야에서 최고의 전문성을 지닌 사람: 끊임없는 자기계발을 통해 해당 분야의 국내 1인자로 성장하고 관련 분야에서 전문가에 버금가는 수준의 지식과 경험을 갖춘 사람.

국제적 감각과 능력을 갖춘 사람: 국제사회가 요구하는 수준의 윤리의식과 환경의식을 갖고 다양한 외국어 능력은 물론 세계 문화에 대한 수용력과 국제적 소명을 갖춘 사람.

❖ 채용절차

서류 전형 ⋯▸ HAT 전형 ⋯▸ 면접 전형(1·2차)

❖ 인사부장의 조언

매년 상·하반기에 한화의 채용사이트를 통해 신입사원 공개채용을 실시한다. 일반적인 필기시험은 없으며, 각 계열사별로 서류전형과 1·2차 면접을 거쳐 채용한다.

서류 전형에서는 모집분야에 적합한 전공자인지 여부와 대학 4년간 학점, 어학 능력, 컴퓨터 능력 등의 기본적인 능력과 자기소개란을 통해 표현된 도전정신, 창의력, 기본 소양과 경험 등을 중점적으로 고려해 심사한다.

HAT(Hanwha Aptitude Test: 한화 인·적성검사) 전형에서는 인·적성, 상황판단검사가 이뤄지는데 인문계 지원자는 총 167문항(140분), 이공계 지원자는 총 197문항(165분)으로 진행된다. 인·

적성검사에서는 한화의 인재상이 함축하고 있는 인성요인 선별이 이뤄지며, 신입사원이 갖춰야 할 최소한의 인성자질 검사가 실시된다.

상황판단검사에서는 구체적인 상황에서 필요한 인재상 조건을 측정하고 직무상 발생하는 다양한 상황의 대처방식을 측정한다.

1차 면접은 지원 회사별로 실무현장에 대한 전문지식과 감각을 가진 팀장급 또는 과·차장급 직원 4~5명이 면접위원으로 참가하는 실무면접으로 진행된다. 주로 현장에 필요한 업무 적성과 조직 적응 가능성, 전공지식 등을 평가하며 4인 1조의 개별면접방식이 일반적이나 경우에 따라서는 8인 1조로 구성해 일정한 주제를 부여하고 찬반토론을 진행해서 의사표현능력, 리더십, 순발력, 합리적 사고 및 문제해결능력 등을 파악하는 집단 토의식 면접을 병행하기도 한다.

외국어 능력을 중시하는 업종(무역, 금융부문 등)은 외국어 인터뷰를 실시하고, 그렇지 않은 계열사도 입사지원서에 기입된 외국어 시험 점수를 전형에 반영한다. 1차 면접에서 지원 회사별 최종 채용 예정자의 1.5~2배수를 선발한다.

2차 면접은 1차 면접에 합격한 지원자에 한해 실시하는데, 지원한 회사의 대표이사를 포함한 관련 부서 임원의 면접으로 진행되며 주로 인성과 품성 부분, 포부와 신뢰성 등을 중요한 평가요소로 본다. 4인 1조의 개별면접방식으로 약 20분에 걸쳐 진행되며, 일반적으로 외부전문기관에 의뢰한 인·적성검사도 함께 실시한다.

합격자는 1·2차 면접을 각각 S(매우 우수), A(우수), B(보통), C(부족), D(매우 부족)등급으로 판정한 결과를 점수로 환산한 뒤 종합 서열의 평가점수가 최소 B등급 이상인 지원자 중 회사별, 부서별의 채용 예정 인원만큼 선발한다.

면접 전형에 임할 때 자세에 대해 말해주고 싶다. 입사지원서가 서류 전형 및 면접을 위한 기초 자료로서 중요하다면, 면접은 입사지원서에 있는 능력과 신뢰감을 확실하게 검증받는 자리라 할 수 있다. 따라서 면접 과정에서는 신뢰감과 자신감을 최대한 보여주도록 노력해야 하며 예비 직장인으로서의 성실한 태도, 기본적인 예절, 복장, 표정 관리, 어휘 선택 등에 세심한 주의를 기울여야 한다.

면접은 짧은 시간에 면접위원들에게 여러 가지 정보를 전달하는 과정이므로 이미 제출한 입사지원서에 기초해 간결하고 정확하게 답변해야 좋은 평가를 받는다. 사전에 주요 질문사항을 파악한 후 가상 답변을 미리 준비하는 것이 효과적이다. 또한 예상치 못한 면접위원의 질문에 긴장하거나 당황하지 말고 평소 자기 생각을 차분히 이야기해 순발력과 재치 속에서도 솔직함과 성실함을 보여주도록 노력해야 한다. 집단 토의 자리에서는 논리적으로 자기주장을 펼치되 고집스러운 모습은 피하는 게 좋다.

❖ 인사부장이 말하는 직원에 대한 회사의 투자

● 인사제도

최고 대우 실현, 인사관리 합리화, 전문 인재 양성이라는 인재 존중의 이념과 조직 기능의 효율화, 생산성 향상과 경쟁력 제고, 사업구조 고도화와 혁신 추구라는 경영이념을 인사제도에 꾸준히 반영하고 있다. 따라서 인사제도의 운영 방향은 한화 고유의 기업 문화를 창조 · 정착시켜 기업의 경영이념을 달성하는 데 있으며 이를 위해 효율성과 합리성, 객관성이라는 서구적 시스템과 한화 고유의 조직문화인 신용과 의리, 유연성이라는 동양적 가치관을 인사제도를 통해 조화롭게 접목시키는 데 있다.

기업의 성공적 사업전개는 인재에 의해 실현된다는 인간존중의 한화적 가치관이 과거 한화 50년 성장의 밑거름이 되었다면, 인재존중의 정신과 성과 중심, 업적 중심의 서구적 시스템이 반영된 신(新) 인사제도는 개개인의 능력을 최대한 발휘하게 하는 데 있다.

● 인재양성

한화인력개발원 운영: 신입사원 연수와 승격자 연수과정을 통해 신용과 의리의 한화인(人)을 육성하고 있으며, 임 · 직원들의 '가치창출과 변화관리'를 위한 다양한 교육 프로그램을 실시하고 있다. 신입사원에서부터 리더에 이르기까지 체계적으로 기본 능력을 집중 양성하고 있으며, 각 직급 및 역할에 따라 업무수행에

필요한 지식을 지속적으로 배양할 수 있도록 체계화된 학습체계를 구축하고 있다. 또한 경영과제 해결을 직·간접 지원할 수 있는 성과 있는 교육을 추구함으로써 미래지향적 인재육성의 장으로 활용되고 있으며, 학습자의 강한 동기부여를 위해 인사평가 시스템과 연계한 교육 프로그램을 실시하여 실효성을 더욱 제고하였다.

국제화 인력 양성 프로그램: 해외 차세대 핵심인재 육성을 위한 해외연수 프로그램으로 외국대학교의 MBA와 로스쿨 연수를 지원하고 있는데, GE(Global Executive) MBA 과정과 TOP MBA 과정, 해외 로스쿨 과정으로 나눠 운영하고 있다. GE MBA 과정은 국내 대학교와 외국 대학교의 MBA 과정을 연계한 프로그램이고, TOP MBA 과정은 미국 상위 20위권에 들어간 MBA 과정에 유학하는 프로그램이며, 해외 로스쿨 과정은 소수의 우수한 법률 전문가를 양성하기 위한 과정이다. 선발된 인력은 준비과정에서부터 소정의 학비와 생활비가 지원되며, 개별심사를 거쳐 매년 일정 인원을 선발하고 있다.

해외 이(異)문화체험 프로그램: 임·직원의 글로벌 마인드 고취와 해외 견문의 기회 확대를 제공하기 위해 해외 출장 때 출장 기간을 연장해 다양한 해외의 문화를 체험할 수 있도록 회사가 경비를 지원해주는 제도다.

전문 인력 양성 프로그램: 직원들의 업무 능력과 지적 역량, 전문성을 제고하고자 2000년까지 실시한 대리승격 필기시험제도를 폐지하고, 신입사원은 대리로 승격하기 전까지 소정의 학습과정을 이수하도록 하고 있다. 그리고 그 결과를 대리인사평가에 반영하도록 해서 교육과 고과를 연계하는 학점이수제도를 실시하고 있다. 2004년부터는 학점이수제도를 전 직급으로 확대해 소정의 학점을 이수해야 상위직급으로 승진하도록 했다. 각 계열사별로 별도의 심사·선발과정을 거쳐 국내외 유명대학원 석·박사 과정 및 최고경영자 과정, 국내외 중·단기 위탁연수과정, 사내 MBA과정 등을 지원 또는 실시하고 있으며, 중장기적으로 우수 인력을 양성하기 위한 리딩 체인지(Leading Change) 과정, 중견간부 역량강화 과정, 전략적 의사결정 과정을 실시하고 있다. 또한 임원 특강, 임원 역량강화 과정, 전문가 연수 과정(CDP: Career Development Plan) 등을 운영하면서 전문 인력 양성프로그램을 다양화했다.

● 임금체계

기존에 사용하던 호봉제는 1999년에 폐지하고 기본 연봉과 고정 수당, 성과급을 중심으로 한 연봉제를 시행해 업적 평가 및 보상을 강화하고 조직 활성화 및 경쟁력 제고를 도모하고 있다. 향후에는 조직 성과와 개인의 업적평가 결과에 따라 차등 배분되는 급여의 비중을 점차 확대시켜 자발적인 동기부여를 통해 개인과 조직의 능력을 극대화하도록 임금체계를 꾸준히 개선할 계획이다. 대졸 신입사원의 연봉 수준은 업종별로 상이할 뿐만 아니라 각 계열사별 연봉제 또는 성과급제, 인센티브 제도도 상이해 단순 비교는 무의미하다. 특히 금융권 회사는 전 직원 성과급제도 실시로 능력에 따라 급여가 철저히 개인별로 차등 지급되고 있다.

두산

❖ 인재상

PE(Passion for Excellent: 끊임없이 도전하여 성과를 내는 사람): 지속적으로 자신의 눈높이를 높여가며 진취적이고 강한 개혁정신으로 높은 비전과 도전적 목표를 설정하며 끈질기고 집요한 성취욕구로 반드시 성과를 내고야 마는 책임감과 주인의식의 소유자.

인화(人和: 원칙을 지켜 함께 발전하는 사람): 도덕성과 투명성을 갖추고 팀워크 능력 및 원활한 대인관계로 파벌, 온정, 이기, 권위, 맹목적 장유유서 등을 배격하여 공정한 게임의 규칙을 통해 더 큰 성과를 이뤄낼 수 있는 사람.

열린 사고(유연한 사고로 혁신을 주도하는 사람): 다양성에 대한 수용력이 높고 유연한 사고가 가능하며 자신의 부족을 항상 인식하

는 겸허함으로 배우려는 자세 그리고 새로운 것과 좀 더 나은 것
에 대한 강한 흡수력을 가지며 혁신적이고 창조적인 아이디어를
이끌어내는 사람.

전문성(글로벌 역량으로 도약을 이끄는 사람): 자기 분야에서 최고
수준의 사업적, 기능적, 기술적 전문성을 보유하고 있으며 산업
(Industry) 및 비즈니스(Business)에 대한 이해와 안목을 바탕으로
'우물 안 개구리 식' 사고를 탈피, 산업의 수준을 한 단계 끌어올
릴 수 있는 사람.

❖ 채용절차

서류 전형(입사지원서 작성, DBS 응시) ⋯▶ DCAT(두산종합적성검
사) 전형 ⋯▶ 1차 면접(SI 및 DISE) ⋯▶ 2차 면접(회장단 면접)

❖ 인사부장의 조언

두산의 채용 과정은 서류 전형과 인·적성검사, 면접 전형으로
요약된다. 서류 전형은 자기소개서와 함께 DBS 과정을 실시한다.

DBS(Doosan Biodata Survey)는 2009년 하반기 공채부터 시행했
는데 기존의 에세이(성공이나 실패의 경험 등을 적는 자기소개서 유
형)를 대체하기 위해 개발되었으며 지원자가 두산이 추구하는 바
에 부합하는지를 검토하는 선발도구로서 온라인으로 응시한다.
입사지원서 제출 완료 후 곧바로 DBS 화면으로 이동해 응시하면

된다. 총 130문항을 약 45분에 걸쳐 응답하며, 지원자 본인에게 가장 맞는 문항의 보기를 솔직하게 답변하는 게 중요하다. 원칙상 1회 응시에 모든 문항을 응답해야 하나 전산 장애 등을 고려해서 1페이지당 3회의 재접속 응시의 기회가 주어진다. 개인의 경험과 학교생활, 태도, 생활방식 등과 관련된 문제에 대해 기술하도록 되어 있다.

서류 전형 통과자들은 DCAT(Doosan Comprehensive Aptitude Test: 두산종합적성검사)를 받는다. DCAT는 지원자가 성공적인 업무수행을 위한 역량과 기초능력을 갖추었는지를 평가하는 검사로 크게 기초적성검사, 인성검사, 한자시험으로 구분된다.

기초적성검사에서는 언어, 수리, 기계 등에 해당하는 다양한 유형의 문제해결능력을 평가한다. 인성검사에서는 지원자의 인성이 두산과 부합한지를, 자신과 타인의 정서를 이해하고 활용하는지를 평가한다. 마지막 한자검사에서는 실무능력에 필요한 한자실력을 평가한다.

두산의 인재 사랑은 대단하다. 회장이 직접 채용설명회를 챙길 정도로 새로운 인재 발굴과 육성에 대한 애착이 강한 회사다. 그만큼 지원자의 스펙에 대해 가능성을 중점적으로 평가한다. 그래서 면접 전형의 준비에 투자를 많이 할 것을 당부한다.

1차 면접은 SI(Structured Interview)와 DISE(Doosan Integrated Simulation Exercise)로 나뉘어 진행된다. SI는 면접관 3명과 지원자

1명이 50분 동안 진행하는 형식으로 지원자 경험 위주의 질문을 끊임없이 하는 압박 면접 형식이다. DISE는 케이스면접과 프레젠테이션면접으로 진행된다. 케이스면접은 하나의 특정 문제와 상황을 해결하는 방안을 찾는 면접 형식이다. 프레젠테이션면접은 자료 분석과 작성 그리고 발표 등으로 이뤄지며, 지원자의 발표 내용에 대해 면접관이 질문하는 형식의 면접 형태다.

2차 면접은 회장단 면접이다. 인성 면접 형식으로 진행되며, 보통 3~5개의 질문을 받는다. 소요 시간은 5분 정도다.

❖ 인사부장이 말하는 직원에 대한 회사의 투자

● 조직문화

타 기업이 쉽게 모방할 수 없는 두산의 가장 큰 자산은 바로 '긍정적인 조직문화'다. 114년을 쌓아온 두산의 조직문화는 바로 성과주의를 토대로 한 '인화(人和)'다. 이를 통해 두산 임·직원은 하나의 위닝팀(Winning Team)이 된다. 일하고 싶은 그리고 일할 가치가 있는 워크플레이스(Workplace) 조성을 목적으로 인사제도, 조직문화, 복리후생에 노력을 많이 기울이고 있다.

● 평가 및 보상

역량과 성과에 따른 보상을 기본 원칙으로 삼고 연봉제와 성과급제를 실시하며, 매년 가치평가 및 성과평가를 통해 우수 인력에 대해서는 관련 업계 최고 수준으로 대우한다.

● 글로벌 스탠더드 경영자 보상제도

경영실적을 직무와 성과 중심으로 평가하는 조직문화를 구축한 결과, 철저한 능력 위주 보상체계로 선진형 인사체제를 실현하는 경영자 보상시스템으로 21세기에 맞는 새로운 인사제도의 혁신을 시행하고 있다.

❖ 인재상

유연함, 책임감, 오픈 마인드(Open Mind)와 함께 6가지의 핵심
가치(고객, 팀워크, 존중, 창의, 도전, 정직)를 공유할 수 있는 인재를
원한다.

❖ 채용절차

지원자를 위한 직무소개 ⋯▸ 서류 전형 ⋯▸ CJ종합적성검사(CAT,
CJAT) ⋯▸ 역량면접, 심층면접 ⋯▸ 임원면접 ⋯▸ 건강검진

❖ 인사부장의 조언

'지원자를 위한 직무소개'는 실제 업무모습에 대한 시간대별 하

루 일과 및 직무상 만족스러운 점, 불만족스러운 점 등의 균형 잡힌 정보를 소개해 지원자가 선발되었을 때 해당 직무에서 일하는 것이 어떤 모습인지에 대해 분명하고 현실적인 기대를 갖게 하는 자기진단 도구다.

그 다음 단계인 서류 전형을 통과하면 CJ그룹 테스트라고 불리는 기본적인 역량 평가 테스트인 'CJ종합적성검사'를 본다. 지원자의 기초직무수행능력과 가치관을 알아보면서 CJ 인재상에 부합하는 인재를 객관적으로 검증하는 테스트로, CAT(Cognitive Ability Test)와 CJAT(CJ Aptitude Test)로 이뤄진다. 기본적인 인·적성검사라고 생각하면 된다.

'역량면접'은 지원자가 지원 직무에 필요한 역량을 보유하고 있는지 검증하는 면접 프로세스다. 지원자가 과거 어떤 행동을 했는지 탐색해서 지원자의 미래 행동을 예측하고 평가한다. 역량면접은 2인 1조의 면접위원이 지원자 1인을 대상으로 1시간 정도 진행한다.

'심층면접'은 지원한 직무와 유사한 업무환경에서 개인·팀·전체에 부여되는 과제를 수행하는 것으로 진행되고, 과제를 수행하는 동안 면접위원들은 지원자들의 행동을 관찰하고 평가한다. 전체 소요시간은 8시간 정도다.

'임원면접(프레젠테이션면접)'은 지원자의 프레젠테이션을 통해 지원자가 지원한 직무를 수행하는데 필요한 능력, 논리성, 커뮤니케이션 스킬 등을 평가한다. 임원진 면접관 3명이 지원자의 발표를 듣고 질의하는 형식이다. 주제는 서류 합격자 발표 때 미리 알려줘 준비할 시간을 충분히 준다.

CJ는 학사 학위 이상을 대상으로 정규직 공채와 인턴사원을 채용하며 점차 인턴사원 채용을 확대하고 있다. 전체 8주간의 인턴십을 거친 후에 실무능력이 검증된 인재들을 정규직으로 채용하고 있는데, 매년 80% 이상을 정규직으로 채용하고 있으니 CJ 입사를 목표로 준비하는 취업준비생이라면 인턴십을 적극적으로 활용하는 것이 유리하다.

CJ의 기업문화는 유연함을 바탕으로 하고 있다. 이러한 유연함을 그룹에 정착시키기 위한 제도가 '님' 호칭 사용, 근무복장 자율화, 토론문화, 플렉서블 타임(Flexible Time) 제도(탄력근무시간제) 등이다. CJ 가치를 기반으로 형성된 이 문화는 다른 기업에서 쉽게 모방되지 않는 전략적 자산이다. 서류 작성, 면접 등에서 CJ의 이러한 기업문화를 보여줄 필요가 있다.

❖ 인사부장이 말하는 직원에 대한 회사의 투자

● 총보상

총보상이라는 개념을 통해 금전적 보상인 임금을 포함해서 직원에게 경제적인 안정과 자기계발 욕구충족 및 육성의 기회를 제공해 좀 더 안정적인 삶을 누리고 직무에 최선을 다할 수 있도록 다양한 보상을 제공한다.

총보상의 구조는 '기본 연봉+변동 급여+기타 수당+복리후생(건강관리 지원, 연금제도 등)+교육 및 계발(경력계발, 성과관리, 경력관리, 학습활동 등)+근무환경(사무, 조직 환경, 리더십, 성과지원, 일과 개인생활의 균형)'이다.

● 인센티브제도

직무 등급별로 차등을 두고 적용하며 과락방식으로 운영하고 개인 평가를 통해 진행한다(탁월한 성과자는 결정금액의 100~200% 지급).

● 지원제도

선택적 복리후생(회사의 일방적인 지원이 아닌 임·직원 개개인의 필요에 기초해 자유롭게 복리후생을 선택하게 함. 연간 주어진 한도 내에서 개인이 자유롭게 선물, 콘도, 자기계발, 문화생활 등을 선택해 사용할 수 있음), 개인연금 지원(전반적인 고령화 추세에 대비해서 직원 노후 생활의 안정을 위해 전년도 연봉의 3% 이내에 개인부담금과 동일한 금액을 지원), 주택구입 지원(최고 5,000만 원까지 대출 알선, 2,000만 원까지는 회사가 이자 부담) 등이 있다.

GS칼텍스

❖ 인재상

2005년부터 회사의 인재상을 구체화한 새로운 에너지리더십 모델을 확정해 모든 임·직원들과 공유하고 있다. 에너지리더십 모델은 신뢰, 도전, 유연, 탁월이라는 조직 가치를 지속적으로 강화시켜 나가는 문화적인 측면과 전략의 효과적인 실행 및 변화와 혁신을 주도하는 전략적 측면을 포괄해 정의하고 있으며, 조직의 리더뿐만 아니라 조직 구성원 모두가 각자의 위치에서 발휘해야 하는 필수역량을 개념화한 것이다.

❖ 채용절차

서류 전형 ⋯ 테스트 ⋯ 1차 면접 ⋯ 건강검진 ⋯ 2차 면접

❖ 인사부장의 조언

신입사원 선발 단계부터 에너지리더십 모델에 적합한 인재를 선발하기 위해 서류 전형에서 자기소개서를 작성할 때 회사의 인재상과 지원자가 스스로 비교해 회사에 적합한지를 생각해보는 내용을 추가했다. 입사지원 때부터 회사의 인재상을 이해하고 내재화할 수 있는 인재 선발을 위해 노력하기 위해서다. 또한 다양한 인재를 선발하고자 세계일주, 우수 공모전 대상 등 사회에서 다양한 경험을 한 지원자에 대해 우대하는 제도를 운영하고 있다.

서류 전형에 통과하면 테스트(조직가치부합도검사, 종합직무역량검사, 한국사능력검정시험)를 진행한다. 조직가치부합도검사는 회사의 조직 가치와 지원자가 얼마나 잘 부합하는지를 측정하는 일종의 객관식 인성검사다. 각 영역별로 조직 가치의 요소라 할 수 있는 공정성, 파트너십, 창의성, 융통성, 성취지향, 추진력, 자신감, 전문성 계발 등의 영역에 대해 사전에 측정된 내부구성원의 특성을 기준으로 그 유사성을 측정한다.

종합직무역량검사는 언어 및 수리를 단순히 이해하는 것이 아니라 이해한 것을 다시 비평할 수 있는지를 보는 것으로, 실제 업무에 필요한 역량을 갖췄는지 기본적인 지적 능력을 평가한다.

GS칼텍스만의 특이한 채용 절차 중 하나가 바로 한국사능력검정시험이다. GS칼텍스는 국가적 정체성을 지닌 인재를 선발하기 위해 2008년도 상반기 인턴사원 채용부터 국내 최초로 입사 시험에 역사 시험을 도입했다. 입사 지원자들은 서류 전형에서 합격하면 조직가치부합도검사 및 종합직무역량검사 외에 추가로 한국사능력시험을 치른다. 기존에 한국사능력검정시험 2급 이상을 보유한 지원자는 시험을 면제받는다. 시험 문제는 국사편찬위원회에 의뢰해 출제하는데 한국사능력검정시험 2~3급 수준의 난이도로 출제된다. 이러한 도입은 국가적 정체성을 지닌 인재를 선발하려는 회장의 강력한 의지에 따른 것으로, 실제로 신입사원을 선발할 때 면접 과정에서 역사소양을 점검하는 질문을 한 적도 있다. 이 시험까지 통과하면 면접 전형이 기다리고 있다.

면접은 1차 면접과 2차 면접으로 진행된다. 1차 면접은 전사공통역량 및 직무역량을 갖춘 인재선발에 초점이 맞춰져 있다. 비즈니스 케이스를 이용한 프레젠테이션과 자기소개서를 바탕으로 한 개별면접, 지원 분야와 관련된 시사적 주제를 이용한 집단 토론이라는 3가지 툴(Tool)로 평가가 이뤄진다. 개별면접은 학력사항 및 거주지가 가려진 상황에서, 집단토론은 무자료로 면접을 본다. 각 툴별로 팀장, 상무급 전문 면접위원이 전담한다.

2차 면접의 가장 큰 특징은 CEO가 직접 면접에 참여한다는 점이다. 이는 회사가 갖고 있는 인재에 대한 생각을 엿볼 수 있는 중요한 예다. 2차 면접에서는 CEO를 비롯한 최고경영자들이 면접위원으로 참석하는데 회사 비전과의 부합여부를 거시적 측면에서 측정한다.

지원자 대부분이 생소하게 접하는 전형이 바로 한국사능력검정 시험이다. GS칼텍스의 취업을 목표로 준비하는 구직자라면 입사 지원에 앞서 한국사능력검정시험 2급 시험에 도전하는 방법을 추천한다. GS칼텍스뿐 아니라 시중 은행의 전형에서도 가산점을 받을 수 있는 유용한 시험이다.

❖ 인사부장이 말하는 직원에 대한 회사의 투자

● 임금체계

국내 30대 그룹의 제조업 분야 중 최고 수준의 급여를 지급한다. 2007년부터 연봉제를 확대해 실시하고 있다. 성과에 상응하는 보상을 통해 직원들의 적극적인 동기 유발을 꾀하고 있다. 경영성과가 발생하면 별도의 특별성과급을 지급한다.

● 인재육성

에너지리더십 모델을 기반으로 계층별 교육, 공통역량 교육, 우수 인재 육성 프로그램 등을 통해 1인당 연간 약 85시간의 교육기회를 제공하고 있으며 이를 위해 연간 약 70억 원의 교육훈련비를 지출하고 있다. 임원, 팀장, 과장, 대리, 신입사원 등 계층별로 요구되는 리더십 역량 및 필요 기술 향상을 위해 리더십 교육을 정기적으로 시행하고 있으며 전문 코치를 통한 코칭 프로그램 및 상사·선배 멘토링 제도를 통해 개인에 특화된 인재육성 프로그램을 지원하고 있다.

공통역량 육성: 임·직원이 공통적으로 갖춰야 할 공통역량을 규명하고, 이를 육성하기 위한 프로그램을 제공하고 있다. 매년 초 본인의 역량 수준을 진단하고, 이를 바탕으로 개인별 육성 목표를 설정한 후 효과적으로 달성하기 위한 사내외 교육, 온·오프라인 교육 등 개인별 육성 과정을 선택해 수강하도록 하고 있다.

우수 인재 육성 프로그램: 우수 인재에 대해서는 교육적으로 국내외 대학 MBA 과정을 이수할 수 있도록 단·장기적으로 지원할 뿐만 아니라 셰브런 등 세계적인 기업에 인턴으로 파견해 해외 우수 사례들을 배우고 접목할 수 있는 기회를 제공하고 있다. 또한 경력 계발 측면에서는 우수 인재 직무 순환 프로그램에 따라 본부 간 직무이동을 통해 새로운 사업영역에서 경험을 쌓고 전사적인 시각을 형성하도록 지원하고 있다.

주니어보드: 역량 있는 과장 이하의 직원들로 구성된 주니어보드는 회사의 개선과제에 대한 심도 깊은 검토와 국내외 벤치마킹을 통해 경영층에 회사 발전 방안을 제안하고, 임·직원들의 다양한 의견을 청취해 CEO에게 전달하는 상향식 커뮤니케이션 제도다. 경영자의 입장에서 회사의 방안을 모색하고 제안하는 주니어보드는 GS칼텍스의 독특한 인재육성 형태로 자리 잡고 있다.

멘토링 프로그램: 신규 인력의 조기 전력화 및 구성원의 역량 강화, 동기부여를 위해 선·후배의 일 대 일 매칭을 통해 조직 내 조기 적응과 담당 직무의 역량 향상을 지원하고 있다. 신규인력

그룹(입사 1~2년차) 멘토링과 차상위자와의 일 대 일 매칭을 통해 팀장 후보자그룹 역량관리 및 육성, 동기 부여를 위한 멘토링으로 구분되어 진행되고 있다.

동아제약

❖ 인재상

유연한 사고와 끊임없는 자기계발로 변혁을 주도하는 사람(창의적인 동아인), 더불어 사는 사회구성원으로서 참여와 실천으로 사회에 공헌하여 봉사하는 사람(봉사하는 동아인), 회사 전체의 이익을 위해 정보를 공유하고 힘을 합치는 사람(협동하는 동아인)을 인재상으로 정하고 있다.

❖ 채용절차

서류 전형 ⋯ 심화서류 전형 ⋯ 실무면접 ⋯ 임원면접 ⋯ 신체검사

❖ 인사부장의 조언

동아제약의 채용은 크게 4가지로 구분된다. 년 2회 6월과 11월 실시되는 대졸 공채와 수시 채용, 연구부문과 석사학위 소지자에 한해 진행되는 상시 채용, 생산부문과 해외사업부문 관련 전공자들에 한해 연중 실시되는 특별 채용이다.

서류 전형에서 5배수의 지원자가 선별된다. 이어지는 심화서류 전형에서는 정해진 입사지원 양식지에 수기 및 한자로 작성해야 한다. 이 과정에서 좀 더 심층적인 검증을 거쳐 3배수의 지원자에게 실무면접의 기회가 주어진다.

실무면접은 회사와 업무에 잘 적응할 수 있는지를 보는 평가단계다. 도전하고자 하는 패기와 책임감을 갖고 있는지에 대한 전반적인 업무적응도를 측정한다. 실무면접까지 총 1.5배수의 지원자가 선별된다.

최종 단계인 임원면접에서는 지원자의 인성을 중심으로 한 최종평가가 이뤄진 뒤 신체검사를 거쳐 최종합격자를 선발한다.

면접에서는 조직적응력과 도전정신, 책임감을 중점적으로 평가한다.

동아제약에 입사를 지원할 때 가장 유의할 점 중 하나는 한자로 자기소개서를 직접 작성하는 것이다. 수기로 작성하는 만큼 정성 들여 작성하는 것이 중요하다. 이외에 제출 서류는 실제문서를 첨부하도록 하고 있다.

❖ 인사부장이 말하는 직원에 대한 회사의 투자

● 핵심가치

성과지향 마인드: 직무에 몰입할 수 있도록 건강한 업무 긴장감을 유지하고 지속적인 개선을 유도해 성과지향적인 문화를 조성한다.

현장 중시: 현장과의 커뮤니케이션을 강화하고 현장의 변화에 따라 HR 시스템을 신속하고 유연하게 반영한다.

상호존중과 신뢰: 조직 문화와 가치체계 등 무형의 규범과 분위기를 통해 조직의 건강성을 유지하고 의사소통 채널 제공과 정보의 공유를 통해 신뢰할 수 있는 분위기를 조성한다.

합리적 보상: 성과를 낸 개인 및 집단에게 그에 상응하는 차별적 보상을 제공하고 좀 더 장기적이며 조직의 성과를 중시하는 보상시스템을 통해 지속적인 성장 기반을 마련한다.

● 임금제도

역할성과에 따른 연봉제로서 고정급인 기본 연봉과 수당, 성과에 따라 변동적으로 지급되는 차등 성과급과 인센티브로 구성된다.

● 지원제도

유류대, 교통비, 통근버스, 피복비, 사내 서클지원, 당직비, 발령 시 이사비, 공제회 퇴직 발전금, 직장인 재해단체보험, 본인 입원의료비, 주택 전세자금 대부, 학자금, 통신비 등 지원과 도서실,

샤워장, 의료시설(의무실 운영), 모유방, 사내 식당, 사택 제공, 휴
게실(쉼터 운영), 휴양시설(콘도) 운영 등으로 직원들이 일할 수 있
는 환경을 조성하고 있다.

한미약품

❖ 인재상

인간존중, 가치창조라는 경영이념을 바탕으로 창조적이고 도전정신이 강한 인재를 원하며, 이러한 인재 양성을 위해 엘리트 한미인상 10가지 덕목을 기본 원칙으로 국제적인 안목과 능력을 갖고 적극적으로 도전하는 인재를 육성하는 데 최선을 다하고 있다.

엘리트 한미인상 10가지 덕목: 기본을 지키고 원칙을 중요하게 생각하는 사람, 적극적이고 창의적인 사람, 과거 틀에서 고정관념을 깨는 사람, 인내심과 집념 및 성취욕이 강한 사람, 성실한 책임감으로 신뢰받는 사람, 이기적인 자기중심보다 조직을 중요시하는 사람, 매사에 용의주도하고 면밀한 사람, 모든 일을 깊이 생각하면서 일하는 사람, 일에 열정을 가지고 몰두하는 사람, 최선을 다해 땀 흘리는 사람.

❖ 채용절차

서류 전형 ⋯▶ 1차 실무진면접 ⋯▶ 2차 경영진면접 ⋯▶ 실무적응력
평가 ⋯▶ 교육 수료

❖ 인사부장의 조언

채용 과정은 서류 전형에서 교육 수료까지의 과정으로 나뉜다.
서류 전형에서는 신입사원 디테일 조사(Detail examination)에 준해
한미약품 인재상에 부합되는지 면밀히 검토한다.

이어지는 면접 과정에서는 1차 실무진면접과 2차 경영진면접이
진행되며 회사의 기업문화와 가치, 직무 적합성, 인성 등을 겸비
한 우수 인재 여부를 심사한다.

면접 통과자들에 한해 진행되는 실무적응력 평가는 한미약품의
고유 평가시스템으로 지원한 분야에 배치되어 일정 기간 동안 테
스트를 받으면서 앞으로 본인이 해야 될 업무를 사전에 체험하게
된다. 실무적응력 평가의 통과자들은 교육 훈련에 들어가며 소정
의 교육 과정을 마친 후에 수습사원으로 채용된다.

취업준비생들은 자신이 엘리트 한미인상 10가지 덕목에 준한
인재인지를 스스로 판단할 필요가 있다. 또한 창조적 마인드와 적
극성, 유연한 사고방식도 겸비해야 한다. 새로운 변화를 즐길 줄

알며 실패를 두려워하지 않는 도전정신을 가진 사람이라는 것을 피력하면 좋은 점수를 받을 것이다.

❖ 인사부장이 말하는 직원에 대한 회사의 투자

● 평가 및 보상

2000년부터 전 사원 연봉제를 실시하고 있다. 연봉은 업계 최고의 수준을 유지하고 있으며, 성과급도 개인별 능력에 따라 차등 지급되는 CIQ(Creative Individual Quarter, 이하 CIQ) 전략 제도를 개발해 시행하고 있다. 특히 CIQ 전략 제도는 그 우수성을 널리 인정받아 노사일간지에 우수 성과급 사례로 기재되기도 했다. 이러한 성과급 제도에 따라 높은 경영성과를 이룬 구성원들은 그 성과에 따라 최고의 보상을 받을 수 있다.

한미약품은 이러한 우수 제도 등을 통해 한솥밥 식구라는 한미 가족 특유의 조직운영 방법을 갖게 되었고 창립 이후 현재까지 한 건의 노사분규도 일어나지 않았다.

● 인재육성

공통가치교육: 신입사원 교육, 멘토링 교육, 의식 교육 등.

직무교육: 사내외 위탁교육, CES(e‑CAMPUS) 등.

역량 계발교육: 예절 및 소양 교육, 독서통신교육, 어학교육 등.

한국타이어

❖ 인재상

  강한 신념과 도전적인 목표를 설정하고 끈기 있게 실행해 조직 구성원으로서 자신의 역할과 책임을 다하는 인재(열정), 창의적인 아이디어로 새로운 가치를 창출하고 유연한 자세로 미래의 변화에 대응하는 인재(혁신), 건전한 사고와 정직한 행동으로 신뢰를 받고 고객에게 가치와 즐거움을 제공하는 인재(고객 지향), 열린 사고로 다양성을 이해하고 존중하며 세계 트렌드를 파악하고 경쟁자보다 앞서 나가는 인재(글로벌)를 원한다.

❖ 채용절차

서류 전형 ···▸ 인성검사 ···▸ 면접 전형(1·2차)

❖ **인사부장의 조언**

서류 전형에서는 제출한 서류를 검토해 기본적인 지원 자격을 충족하는지, 직무 요건에 부합하는지를 평가한다.

이어지는 인성검사에서는 지원자가 회사의 인재상과 조직문화에 부합하는 정도를 평가한다. 서류 전형의 합격자 대상으로 온라인으로 진행하며, 소요시간은 30분 정도이다.

1차 면접 전형은 지원자의 역량을 종합적으로 평가하는 과정으로 3가지 과정으로 구성되어 있다. 먼저 역량면접은 구조화된 면접 기법을 통해 지원자의 역량과 핵심가치 부합도를 검증한다. 지원자 1명과 면접관 2명이 약 20분간 진행한다. 다음은 프레젠테이션면접으로 지원자의 사고력, 발표력 등을 종합적으로 검증하는 과정이다. 지원자는 주어진 과제를 분석한 후 2명의 면접관을 대상으로 프레젠테이션 및 질의응답을 진행하게 된다. 소요시간은 1시간 정도다. 마지막으로 실시되는 영어회화 테스트에서는 지원자의 실제 회화능력을 검증하는 과정으로 컴퓨터를 통해 진행되는 간접 평가이며, 소요시간은 30분 정도다.

1차 면접 전형을 통과하면 2차 면접 전형인 임원면접이 기다리고 있다. 최종면접이며 회사의 가치 및 문화에 부합하는가를 최종적으로 평가하는 과정으로 다 대 다 면접으로 진행된다.

주어진 과제를 갖고 실시하는 프레젠테이션면접에 신경을 많이 쓸 것을 권유하고 싶다. 이 과정을 통해 문제에 대한 이해력, 민첩성 등을 평가하게 된다. 2명의 면접관을 대상으로 실시하는 만큼 주제에 대한 질의응답도 성실하게 준비할 것을 당부한다.

❖ 인사부장이 말하는 직원에 대한 회사의 투자

결혼자금, 주택자금 관련 대출제도, 자녀학자금, 경조비 등을 지원하며 종합건강검진, 금연 캠페인과 사내 식당 운영 등을 통해 직원들의 복지에 신경을 쓰고 있다.

WiniaMando
위니아만도

❖ 인재상

참된 마음을 지닌 사람: 합리적인 사고와 협동하는 자세로 성과 창출을 통한 회사의 대외적 가치를 높이고 조직 내 타인의 사고와 가치를 존중해서 신뢰하고 존경하는 인간관계를 조성해 대내적 가치증대에 기여하는 인재.

깊은 신뢰를 주는 사람: 사회적 존재로서의 의식을 바탕으로 회사 내부 및 외부 고객의 입장에서 자기의 역할과 책임을 다하며 고객 만족을 통한 기업가치 창조에 기여하는 인재.

변화를 주도하는 사람: 급변하는 환경 속에서 지속적인 성장을 도모하기 위해 미래지향적인 혁신적 사고와 도전하는 적극적인 자세, 진취적인 정신으로 미래 산업의 흐름을 주도하는 인재.

❖ **채용절차**

서류 전형 ⋯▸ 면접 전형 ⋯▸ 인턴 근무 ⋯▸ 정규직 전환

❖ **인사부장의 조언**

서류 전형에서는 지원서의 내용, 즉 경력과 각종 수상 내용, 자격증, 어학 등에 대한 평가가 이뤄진다.

면접 전형은 위니아만도인(人)에 적합한지를 종합적으로 평가하는 단계로 실무면접과 인성면접으로 진행된다. 실무면접은 팀장급이 참가하며 지원자의 직무지식과 기술 등 잠재능력과 자질을, 인성면접은 임원급이 참가하며 지원자의 인품과 가치관 태도 등을 평가한다.

면접 전형의 합격자에게는 위니아만도만의 선진형 인턴십 프로그램에 참가할 수 있는 자격이 주어진다. 전체 3개월의 OJT(직장 내 교육훈련)를 통해 조직 적응력, 창의력, 문제해결 능력을 길러 긍정적, 적극적 사고의 소유자로 육성하는 제도다. 인턴십 수료 후 성과 우수자에 한해 정규직으로 전환시켜 위니아만도의 우수 인재로 육성하고 있다.

위니아만도에 지원할 생각이라면 실무면접을 꼼꼼하게 준비하라고 조언하고 싶다. 실무면접을 통과해야 위니아만도의 선진형 인턴십 프로그램에 참가할 수 있는 자격이 주어지기 때문이다. 보통 팀장급이 참가하는 실무면접의 경우 지원자의 직무지식과 잠

재능력 등을 평가한다. 이 과정에서 본인이 지원한 직무 분야에 대한 지식과 향후 발전 가능성에 대해 자신감 있는 모습을 보여주는 것이 중요하다.

❖ 인사부장이 말하는 직원에 대한 회사의 투자

● 임금체계

직원들이 안정된 생활을 할 수 있도록 적정 수준의 급여를 지급하고자 노력하고 있으며, 동종업계에서 경쟁력 있는 처우를 하고 있다. 또한 직원들이 의욕적으로 근무할 수 있도록 경영성과를 구성원과 공유 및 배분하는 성과배분제도와 각각의 구성원 특성에 따라 보상체계 및 수준을 차별화하여 다양한 요구에 적절히 반영할 수 있는 급여제도를 모색하고 있다.

● 평가제도

성과주의 인사 철학 아래 조직과 개인의 직무수행 성과를 객관적으로 평가해 부족한 개인의 역량계발을 도모하고, 이를 통해 회사의 성장을 이루고자 하는 목적에서 KPI(Key Performance Indicator : 조직장과 조직원간의 합의로 설정한 목표에 대해 그 수행 과정과 성과를 년 1회 평가하고 그 결과에 따라 개인연봉 및 당해 연도 승진·승격을 결정) 평가 제도를 운영하고 있다.

● 경력개발제도

직원 개개인 모두를 업계 최고의 직무전문가로 육성하기 위한 맞춤식 경력개발제도를 운영하고 있으며, 이러한 제도는 인재육성교육 및 본인의 희망에 따른 정기적 직무순환으로 구체화해 시행하고 있다.

● 지원제도

인간존중의 경영이념에서도 잘 나타나 있듯이 직원은 회사 제1의 자산이며, 회사의 성공은 전적으로 직원이 맡은 분야에서 이룩하는 성과에 달려 있다고 본다. 건강하고 안정된 생활을 토대로 회사와 개인의 발전을 도모하고 건전한 취미생활 및 여가활용을 통해 풍요로운 삶을 살 수 있도록 하는 데 최선을 다하고 있다.

한국지엠

❖ 인재상

진취적이고 적극적이며 늘 깨어 있는 사고로 실패를 두려워하지 않는 사람(창의적인 도전의식), 미래를 위해 끊임없이 준비하고 스스로 열의를 다하는 사람(부단한 자기계발), 사람을 사랑하고 정이 넘치는 따뜻한 사람(인간존중), 전 세계를 내 집처럼 여겨야 하는 글로벌 시대에 걸맞은 사람(글로벌 마인드)을 원한다.

❖ 채용절차

서류 전형 ⋯▶ 직무적성검사 ⋯▶ 면접 전형(1·2차)

❖ **인사부장의 조언**

한국지엠의 채용은 정기채용과 수시채용으로 나뉜다. 정기채용은 연 2회 실시하며, 상반기와 하반기 공개채용 형태로 진행된다. 수시채용은 인력 소요 발생 시 수시로 진행한다. 이외에도 상시채용시스템을 통해 연중 수시로 지원할 수 있다.

먼저 온라인으로 입사를 지원할 때 국문과 영문 지원서 각 1부를 제출한다. 이를 토대로 이뤄지는 서류 전형에서는 입사지원서에 기재한 사항을 바탕으로 엄격한 심사가 이뤄진다. 서류 전형의 내용은 입사 후 처우에도 반영되므로 정확하고 자세하게 작성해야 한다. 원하는 직무, 자신의 특기 등이 향후 입사한 후 업무배치에도 영향을 미치기 때문이다.

서류 전형의 합격자에 한해 실시되는 직무적성검사는 인성검사 255문항과 직무능력검사 90문항으로 구성되어 있으며, 2시간 동안 실시된다.

1차 면접 전형은 실무능력과 영어능력 평가 위주로 면접위원 2명과 지원자 1명이 30분에서 1시간 동안 진행한다. 이어지는 2차 면접 전형에서는 인성과 직무능력에 대한 종합평가가 이뤄지는데, 면접위원 3명과 지원자 4명이 진행하는 다 대 다 형식으로 진행된다. 평가 소요시간은 40~50분간 심층적으로 이뤄지며 전공지식에 대한 공부와 자동차 산업 전반에 대한 이해, 회사에 대한 이해와 관련한 지식이 필요하다.

최종합격자에 한해 한국지엠의 지정병원에서 신체검사를 실시한 뒤 결격 사유가 없으면 입사한다.

한국지엠은 우수한 인재 선발을 위해 면접 전형에 공을 많이 들이고 있다. 실무능력 겸비와 영어실력을 검증하는 1차 면접 전형, 인성과 직무능력을 평가하는 2차 면접 전형이 이에 해당한다. 글로벌 완성차 회사인 만큼 기본적인 영어실력은 필수다.

❖ 인사부장이 말하는 직원에 대한 회사의 투자

● 고(高)성과의 책임의 문화 구축

직원 개개인의 업무목표를 회사의 사업목표와 연계시키고 지속적으로 관리한다. 임·직원이 솔직하고 건설적인 피드백을 주고받고, 리더들이 직원 계발에 책임을 다하는 문화를 구축한다.

● 경쟁력 있고 공정한 보상체계 구축 및 시행

시장 대비 경쟁력 있는 임금체계를 구축하고 시행하고 있다. 직원 개개인의 업무성과와 회사의 가치에 부합하는 행동양식에 따라 평가하고 보상을 한다.

● 임금체계

각 직급의 샐러리 레인지(Salary Range)를 통해 동일 직급에서도 성과에 따른 임금 격차가 발생하며, 각 직급의 샐러리 레인지를 인접 직급과 일정 부분 겹치도록 구성해서 우수한 성과를 지속적으로 달성할 경우 차상위 직급자보다 더 많은 임금을 받을 수 있다.

● 지원제도

취학 전부터 대학생까지 학자금을 지원해주고 회사의 차량 구매 시 할인 혜택을 주며 주택 구입 및 전세 자금을 지원한다. 또한 지방 사업장에서 근무할 경우 기숙사를 지원해준다. 직무 및 자기 계발 향상을 위해 다양한 프로그램을 사내외에서 운영 및 위탁하고 있다.

한진해운

❖ 인재상

고객 중시(고객을 위한 완벽한 서비스 품질 추구): 고객의 니즈 (needs)를 정확하게 파악하고 적극적으로 대응하며 근본적으로 고객의 성공을 위한 부단한 노력을 통해 진정한 파트너십을 창출할 수 있는 동시에 품질 향상을 위해 전문성을 함양하고 고객에게 완벽한 서비스를 제공하는 인재.

가치창출(회사의 가치 향상 기여): 명확하고 측정 가능한 도전 목표를 설정해 핵심과제를 중심으로 업무를 전략적으로 수행하며 업무 목표 달성을 위해 효율적으로 자원을 활용하는 인재.

구성원을 중시하는 사람(팀워크 제고를 통해 구성원 만족 지향): 자유로운 의사소통을 통해 열린 커뮤니케이션을 지향하고, 구성원

간의 상호존중과 신뢰구축을 위해 노력하며 개인의 이익보다는 팀워크 향상을 위해 헌신하고 다른 사람의 기여에 대해 인정하고 보상하는 인재.

사회적 책임(환경 보존과 안전 추구 지향): 건전한 윤리의식과 규범준수를 통해 환경 보존을 능동적으로 실천하고 비즈니스 활동에 모범을 보이는 인재.

혁신(글로벌 경쟁에서 승리하기 위한 지속적 변화 지향): 모든 일에 열정과 자신감을 갖고 적극적으로 일하며 글로벌 마인드를 지향하면서 다른 문화와 가치관의 다양성을 이해하고 존중하는 동시에 현재에 안주하지 않고 지속적으로 변화를 선도하며 잘못된 관행을 타파해 업무효율성을 높이는 인재.

❖ 채용절차

서류 전형 ⋯▶ 면접 전형(1 · 2차) ⋯▶ 신체검사

❖ 인사부장의 조언

한진해운의 기본적인 입사 자격은 토익 800점 이상 또는 이에 준하는 영어성적을 소지하고 있는 자로 제한된다. 여기에 전 학년 평점이 B학점 이상이고 해외여행 결격사유가 없어야 한다. 제2외국어 능통자는 우대한다.

채용과정은 크게 사업부문과 경영지원부문으로 나뉜다. 사업부

문에서는 주력 사업인 컨테이너와 벌크선 사업 등을 수행할 인력을 선발한다. 경영지원부문서는 재무와 법무 보험 등과 관련해서 약간 명씩 채용한다.

세계를 무대로 해운사업을 하고 있는 회사인 만큼 글로벌 역량을 중요하게 생각한다. 그래서 영어는 물론 제2외국어 능통자를 우대한다.

면접 전형에서 글로벌 리더로서의 마음가짐과 구성원들과의 팀워크 능력을 강조하면 좋은 점수를 받을 수 있다. 한진해운은 다른 기업들에 비해 상대적으로 높은 어학실력을 요구한다. 이는 해운업의 특성과 글로벌 회사를 지향하는 회사 분위기 때문이다. 따라서 면접에서 단순한 영어성적이 아닌 실무에서 활용할 수 있는 회화 능력을 부각시키면 좋다.

세계를 무대로 일하는 회사인 만큼 글로벌 역량을 키울 것을 당부하고 싶다. 먼저 외국에 대한 정보 및 외국어와 관련해서 학습을 통해 기본적인 자격 요건을 만드는 것이 중요하다. 제2외국어 능통자를 우대하고 있으므로 제2외국어도 신경 쓰면 유리하다.

❖ 인사부장이 말하는 직원에 대한 회사의 투자

● 인사제도

글로벌 물류 선두기업(Global Logistics Leading Company)으로서 글로벌 전략 수행을 위한 선진 인사시스템을 운영하고 있다. 채용

후 신입사원 교육과 개별 면담으로 사원의 적성과 역량에 맞는 부서에서 일할 수 있는 환경을 마련하고 있다.

다양한 평가 방법으로 직원의 업무수행능력을 정확히 파악하고, 조직의 목표달성을 위한 개인의 노력 정도와 성과에 대해 객관적이고 공정하게 평가해 직원 개개인과 회사가 조화 있는 발전을 이루도록 하고 있다. 직종별 리더로 성공하기 위해 경험이 필요한 직종 및 직무로의 이동경로를 설계해 운영하고 있다.

● **교육제도**

개인 주도적으로 경력계획을 수립하고 경력목표 달성을 위한 실질적인 역량계발 활동을 할 수 있도록 지원하는 IDP(Individual Development Plan) 제도를 진행하고 있다. 또한 연간 이수해야 할 최소학점을 정하고 학습방법을 스스로 선택해 능동적으로 업무수행 능력을 향상시킬 수 있도록 하고 있다.

● **지원제도**

직원들의 복지 증진 및 삶의 질 향상을 도모하고 나아가 직장생활의 활력을 불어넣어 직원들의 사기함양을 목적으로 하고 있으며, 직원들에게 좀 더 다양하고 선진화된 복리후생제도가 제공될 수 있도록 노력하고 있다.

Benefit Card(선택적 복리후생: 주어진 한도 내에서 자유롭게 사용할 수 있는 복지카드) 제공, 서울 및 부산 사옥에 최고급 프리미엄 구내식당 및 카페 운영, 국내 유수의 콘도 운영, 서울 및 부산에

서 사원아파트 운영 등의 지원으로 회사의 자부심을 느끼게 하고
있다.

대한한공

❖ 인재상

'사람'은 대한항공이 가장 소중하게 생각하는 가치이자 자원이다. 대한항공의 인사 철학은 인사를 운영하는 원칙과 인재상에 반영되어 인사 전반을 움직이는 하나의 룰로 인식되고 있다.

먼저 진취적 성향의 소유자를 원한다. 항상 무엇인가를 개선하고자 하는 의지를 갖고 변화를 통해 새로운 가치를 창조하고자 하는 진취적인 성향의 소유자를 말한다. 지금과 같이 급변하는 시대에 필요한 인재는 고정관념을 버리고 미래를 관리할 수 있는 진취적인 사람이다. 주어진 일에 대해 항상 개선하고자 하는 의지를 가진 사람, 기존의 고정관념의 틀을 깨며 변화하고 발전을 꾀하는 진취적인 사람들과 함께 미래를 준비하고자 한다.

다음으로 서비스 정신과 올바른 예절을 지닌 사람을 원한다. 단정한 용모와 깔끔한 매너, 따뜻한 가슴으로 고객을 배려하는 서비스 정신과 올바른 예절을 지닌 사람을 말한다. 항공사는 원래 서비스의 결정체로, 그 이미지만큼 단정한 용모와 깔끔한 매너, 따뜻한 가슴으로 고객을 배려하는 모습을 갖춘 직원을 원한다. 항공사에서 주인 정신과 프로 정신은 바로 서비스 정신으로 나타나기 때문이다.

또한 성실한 조직인을 원한다. 작은 일이라도 책임감 있게 완수하며 원만한 대인관계를 유지해나가는 성실한 조직인을 의미한다. 기대한 조직의 구석구석에서 나사못과 윤활유 역할을 담당하는 성실한 일꾼이야말로 대한항공의 자산이다. 아무리 능력이 탁월해도 매사에 최선을 다하는 성실성이 없다면 어느 곳에서도 환영받을 수 없다. 대한항공은 일의 성과 못지않게 과정도 중시한다. 화려한 스타플레이어만큼 보조플레이어의 성실한 역할을 높게 평가한다.

마지막으로 국제적 감각의 소유자여야 한다. 자기중심적인 사고를 탈피해 세계의 다양한 문화를 이해할 수 있는 세계인으로서의 안목과 자질을 갖춘 국제적인 감각의 소유자를 원한다. 국제화 시대를 이끌어갈 사람이라면, 글로벌 항공사에서 일하고자 하는 사람이라면 유창한 외국어 구사능력, 열린 마음, 넓고 깊은 문화적 지식과 이해를 지닌 세계 시민이 되어야 한다. 외국어를 단순히 잘하는 사람보다 우리의 고유한 문화의식을 바탕으로 외국의 문화와 습관, 에티켓 등을 충분히 이해하는 사람, 깨끗한 매너로 상대방을 존중하면서도 품위 있고 자신 있는 대화 능력까지 겸비한 사람이라면 아주 이상적이다.

❖ 채용절차

대졸 공채: 서류 전형 ⋯ 실무면접(집단 토론, 개별 역량면접) ⋯ KALSAT 전형 ⋯ 임원면접 및 외국어구술테스트 ⋯ 건강진단

객실 승무원: 서류 전형 ⋯ 면접 전형 ⋯ KALSAT 전형 ⋯ 신체 · 체력검사 및 수영 테스트

❖ 인사부장의 조언

사람을 가장 소중하게 생각하는 만큼 좋은 사람을 선별하기 위한 대한항공의 채용 절차는 까다롭다.

대졸 공채의 경우 서류 전형을 통과하면 실무면접이 기다린다. 실무면접은 집단 토론과 개별 역량면접으로 진행되며, 팀워크와 개인의 업무수행 능력 등을 평가한다.

실무면접 통과자들은 대한항공에서 계발한 KALSAT(Korean Air Standard Ability Test)인 인성 및 직무능력검사를 받는다.

최종 단계인 임원면접에서는 외국어구술테스트가 함께 실시된다. 세계 최고의 항공사를 지향하는 만큼 구성원들의 영어실력은

필수다.

많은 여성 지원자들에게 인기 높은 직종인 객실 승무원의 경우 서류 전형을 거쳐 면접 전형이 진행되는데, 실무진 면접과 임원진 면접으로 나뉘어 실시된다.

면접 통과자들은 대졸 공채 전형과 마찬가지로 KALSAT를 받는다. 이후 진행되는 신체검사와 체력검사, 수영 테스트는 가장 어려운 단계다. 지상이 아닌 높은 고도를 비행하는 항공기 내에서 업무를 수행해야 하기 때문에 기본 신체 조건과 건강한 체력은 필수다. 수영 테스트는 항공기 불시착 등의 상황에서 대처할 수 있는 상황까지 점검한다.

지원자가 입사하고 싶은 지원 분야를 결정하는 것이 중요하다. 크게 대졸 공채와 객실 승무원 채용으로 구분되는 만큼 이에 따른 지원 전략이 필요하다.

대졸 공채의 경우 다양한 분야에서 많은 인력을 채용하는 만큼 까다로울 수 있다. 실무면접과 외국어구술테스트 등 단시간 내에 준비할 수 없는 과정이 많으므로 꾸준한 준비가 필요하다. 객실 승무원의 경우 많은 여성 지원자들이 선호하는 직업이니 기본적인 소양을 갖추고 체력검사, 수영 테스트를 대비해 운동을 꾸준히 해야 한다.

❖ 인사부장이 말하는 직원에 대한 회사의 투자

● 직급체계

대한항공의 직종은 크게 일반직, 기술직, 운항 승무직, 객실 승무직으로 구분할 수 있다. 각 직종은 모든 직무의 전문성을 강화하고 조직 구성원의 전문 역량을 효율적으로 확충하기 위한 도구로서 직종별 직급체계가 마련되어 있다. 일반직과 기술직은 양성 및 활용목적에 따라 직부(Course)제도를 운영하고 있다.

● 평가제도

일을 통해 나타나는 개개인의 역량과 회사에 대한 기여도 측정을 중심으로 구성된다. 공정하고 객관적인 평가제도를 운영해 투명한 인사관리를 구현하고 있으며, 단순한 사정(査定)을 뛰어넘어 직원 육성을 위한 평가제도를 확립하고 평가 결과의 피드백을 통해 개인 역량의 향상을 도모하고 있다.

● 임금 및 지원제도

구성원의 기본적인 삶의 질을 보장하고 업무수행결과에 따른 합리적인 차등 및 성과주의를 원칙으로 하고 있다. 단순한 금전적 보상뿐만 아니라 다양한 복리후생제도 등을 제공해서 직원의 생활수준 향상을 지원하는 종합 보상(Total Compensation)을 지향한다. 또한 일반적인 복리후생제도 외에도 항공사만이 할 수 있는 고유의 복리후생제도를 운영해 좀 더 폭 넓은 혜택을 받도록 해서 직장인으로서의 자부심을 느낄 수 있도록 하고 있다.

김포, 김해, 제주에 2,000세대 이상 사택을 보유하고 있으며 주택 구입 자금 및 전세 자금을 지원하고 있다. 전문 인력 50여 명이 상주하고 있는 대한항공 항공의료센터를 운영하고 있으며 직원이나 가족을 대상으로 특별한 날에 맞춰 항공권을 제공한다.

ASIANA
아시아나항공

❖ 인재상

인재상인 '집념의 세계인'은 한마디로 끈기와 지혜로 세계에 도전하는 금호아시아나인(人)을 의미한다. 금호아시아나가 과거 60여 년 동안 어려움을 끈기와 지혜로 극복하고 오늘날까지 성장해 온 것을 바탕으로, 21세기에는 미지의 세계에 대한 웅대한 목표와 무한한 가능성에 끈기와 희망을 갖고 도전하는 금호아시아인이 바로 집념의 세계인이다.

❖ 채용절차

일반직: 서류 전형 ⋯ 실무자면접 ⋯ 임원면접 ⋯ 신체검사

객실 승무원: 서류 전형 ⋯ 실무자면접 ⋯ 임원면접 ⋯ 체력측정

및 건강검진

❖ 인사부장의 조언

크게 일반직과 객실 승무원으로 나눠 채용을 진행한다. 일반직은 수행하는 업무에 대한 전문적인 지식이 요구된다. 관련 전공자라면 좀 더 수월하게 업무에 적응할 수 있는 장점이 있다. 아울러 관리능력, 업무추진능력, 기획능력이 필수적으로 요구된다.

아시아나항공의 객실 승무원을 지원하는 사람이라면 국제선 캐빈 인턴을 알아야 한다. 비행기 승무원을 말하며, 국제선에서 기내 안전과 대고객 서비스 업무를 담당한다. 입사하면 인턴사원으로 1년간 근무 후 소정의 심사를 거쳐 정규직으로 전환된다. 2년제 대학 이상 학위를 소지한 사람이면 지원할 수 있다. 전공은 제한이 없으며, 어학 성적은 토익 550점 또는 G-TELP 3급 63%, 2급 45% 이상 성적을 소지한 사람이면 지원 가능하다.

서류 전형을 통과하면 실무자면접을 실시한다. 온라인 등록 때 지원자가 선택한 응시지역 또는 당사자가 지정한 지역(서울, 부산, 광주)에서 실시한다.

임원면접에서는 영어구술테스트와 인성검사가 함께 진행되며, 합격하면 체력측정 및 건강검진이 진행된다. 영어구술테스트까지 진행되는 만큼 자격증 점수 위주가 아닌 회화 위주로 공부해야 한다. 체력측정에서 수영 테스트는 자유형 25미터 완영이 조건이다.

아시아나항공에서는 책임의식이 강한 인재를 원한다. 국제선 승무원의 경우, 기내 안전과 대고객 서비스 업무를 담당하는 만큼 막중한 책임감이 따르게 된다. 기본 자격 조건인 어학 성적과 체력은 지원에 앞서 미리부터 준비할 것을 당부한다.

❖ 인사부장이 말하는 직원에 대한 회사의 투자

● 사람 존중의 기업문화

육아휴직제도의 활성화, 산전·후 휴가, 임산부의 업무 경감, 모유 수유실 설치, 보육비 지원 등 육아에 지원을 많이 하고 있다. 직원 간, 직원과 경영진 간 열린 소통을 위한 오픈플라자, 전 직원이 하나 되는 비어파트 아시아나플라자를 개최해 열린 문화조직을 지향하고 있다. 외국어, 와인, 요가, 밸리댄스 등 사내 교양강좌를 진행하고 있으며 다양한 해외 경험 기회를 제공하고 있다.

● 성과지향 인사제도

기존의 연공서열 및 평등 개념을 탈피해 업적과 능력, 직무의 난이도 등에 따른 차등보상을 확대하여 모든 인사제도를 '역량'과 '업적'을 중심으로 하는 성과주의에 입각해서 체계화하고 있다. 이러한 성과주의 인사제도가 제대로 정착하기 위해서는 평가제도가 뒷받침되어야 하는 바, 공정하고 객관적인 성과관리 시스템을 도입하여 운영하고 있다. 그리고 단순히 성과의 평가와 보상을 넘어 기업의 성패와 직결되는 직원 개개인의 성과향상을 도모하기 위해 경력 및 역량계발 프로그램을 함께 운영하고 있다. 아울러 미래에 필요한 리더급 인재양성, 핵심 분야 전문가 양성, 준비된 인재의 적시활용 등 조직 내 인적자원의 합리적인 계발을 통해 조직의 경쟁력을 강화하고, 조직 구성원의 인적자산 가치를 향상시키기 위해 직원 경력계발제도를 운영하고 있다.

● 임금체계

일반직군 전체와 정비, 캐빈 서비스, 운항관리직 관리자에 대해 성과에 따른 연봉제를 실시해 차등보상 및 동기부여를 하고 있다. 연봉은 개인의 업적, 역량평가 및 조직의 평가결과에 따라 결정된다. 연봉제 미적용 대상 직종에 대해서는 차등 승호제를 실시해 고(高)성과자에 대한 동기부여 및 차등보상을 가능하게 하고 있다. 매년 인사평가 등급에 따른 차등 승격 포인트 제공으로 우수 인재에 대한 발탁 및 조기 승격 기회를 부여하고 있다.

● 지원제도

특별한 날에 항공권을 지원하고 있으며 상조회를 운영하고 있다. 주택 구입 자금 및 전세 자금을 지원해서 직원의 주거 안정을 유도하고 있으며 자녀 학자금 지원도 진행하고 있다.

현대건설

❖ 인재상

'세계를 움직이는 큰 인재'를 표방하며 이를 위해 정직하고 근검한 현대인, 강인한 추진력의 현대인, 적극 의지의 현대인, 창조적 예지의 현대인을 인재상으로 삼고 있다.

❖ 채용절차

서류 전형 ⋯▸ 필기 전형(인·적성검사, 영어회화테스트) ⋯▸ 면접 전형 ⋯▸ 신체검사

❖ 인사부장의 조언

현대건설의 대졸신입사원 공개채용은 매년 9월~10월 중에 이

뤄진다. 기본자격요건은 4년제 정규대학 졸업예정자다.

서류 전형은 현대건설 내부 심사 기준에 맞춰 엄격하게 이뤄진다. 이어지는 필기 전형에서는 인·적성검사와 영어회화테스트를 실시한다. 영어회화테스트는 온라인으로 진행된다. 헤드셋을 통해 주어지는 질문에 답변하는 형식으로 소요 시간은 약 20분이다.

면접 전형은 토론면접과 임원면접으로 진행된다. 팀워크를 중시하는 건설회사 분위기를 반영해 토론면접에서는 구성원들과의 협동심을 중점적으로 평가한다. 임원면접에서는 주로 인성면접 위주로 진행된다.

건실업이라는 직종은 다른 직종과 달리 팀워크를 중시하는 만큼 채용절차 매 단계에서 사회성이 강한 인재라는 점을 부각시키면 큰 도움이 된다.

현대건설은 매년 선발된 신입사원을 대상으로 입사식을 진행하는데, 신입사원의 부모님을 초대해 회사에 대한 자긍심을 심어주고 있다.

❖ 인사부장이 말하는 직원에 대한 회사의 투자

● 인사제도

전 직원에게 직무만족도를 조사하고 그 결과를 반영해서 전환배치 또는 희망교육을 실시한다. 신규사업 추진이나 특정분야의 업무수행 또는 해외지사 파견업무 선발 등을 위해 전문 지식, 기능, 경험 등 필요한 자격 요건을 갖춘 인재를 등용해야 하는 경우에 임·직원을 대상으로 공개 모집하는데, 지원자 가운데 적격자를 선발해 배치한다.

● 지원제도

국내외 유수 대학과 연계된 교육 등을 진행하는 경영자 양성교육, 외국어 교육 및 국제협상·국제계약·프레젠테이션 기술 등의 국제영업력 강화과정 등을 교육하는 세계화 경영인력 양성교육, 신입사원 조기 전략화교육 등 다양한 교육제도를 운영하고 있다.

해외근무를 끝내고 귀국한 직원은 기혼자의 경우 부부 여행, 미혼자의 경우 단신여행을 지원해주며 출근시간에 30개의 노선으로 통근버스를 운행하고 있다. 또한 생후 1년 미만의 영아를 가진 근로여성이나 그를 대신한 배우자를 대상으로 육아휴직제를 실시하고 있다.

새마을금고를 운영하면서 1년 이상 근속한 임·직원에게 최고 3,000만 원까지, 사내근로복지기금에서는 1년 이상 근속한 직원에게 최고 3,000만 원까지 신용대출을 해준다.

DAEWOO E&C
대우건설

❖ 인재상

대우건설의 핵심가치인 '도전과 열정', '자율과 책임'을 구현하기 위한 인재상의 원동력(Enabler)을 '신념과 열정으로 도전하는 대우건설인(人)', '소신에 따라 책임을 다하는 대우건설인(人)'으로 도출하였으며, 그 슬로건으로 'E&C(Engineering&Construction) Champion'을 내세웠다. 즉, 모든 일에 신념과 열정으로 도전해 스스로의 소신에 따라 맡은 바 책임을 다하는 인재를 말한다.

❖ 채용절차

서류 전형 ···▶ 인·적성검사 ···▶ 면접 전형 ···▶ 건강검진

❖ 인사부장의 조언

채용은 상반기 신입 공채를 통해 이뤄진다. 서류 전형과 인·적성검사를 통과하면 면접 전형이 진행된다. 인·적성검사에서는 지원자가 대우건설의 인재상과 지원한 직무에 얼마나 적합한 인성과 적성을 갖췄는지를 평가한다. 대우건설 인재상과 핵심 가치 등에 대해 알아보고 준비한다면 많은 도움이 될 것이다.

면접 전형은 역량면접과 임원면접으로 구성되어 있으며, 통과된 뒤 건강검진을 거쳐서 최종 합격 판정을 한다.

대우건설은 인턴사원제도를 운영하고 있다. 현장 실습을 포함한 인턴 실습과 교육을 받은 후 본인의 적성과 진로를 고민해 입사 여부를 선택하게 된다.

인턴사원 자격으로 7월에 입사하면 입문교육(3~4일)과 인턴실습교육(5~6주), 현장견학, 선배와의 멘토링, 팀워크 훈련 등을 거쳐 8월 말 입사하게 된다.

인턴사원 기간 동안 실습과 교육을 통해 회사에 대한 전반적인 업무를 배우고 본인의 적성과 진로를 고민해 입사 여부를 선택할 기회가 주어진다. 인턴사원 기간은 보통 방학 때 이뤄지며 그 기간 동안 자율과 책임을 강조하는 인재, 도전과 열정으로 똘똘 뭉친 인재라는 점을 회사와 선배들에게 각인시키면 좋은 결과를 얻을 수 있다.

❖ 인사부장이 말하는 직원에 대한 회사의 투자

● 성과주의 인사제도

외형(직급, 승진)보다는 내실(성과, 보상)을 중시하는 성과주의 인사 철학을 갖고 있다. 성과주의 인사란 공정한 기회 속에서 외형적으로 보이는 모습(학력, 연공, 능력 등)이 아닌 실제로 이룬 성과나 기여도를 객관적으로 측정해 그에 상응하는 보상 및 성장 기회를 부여하는 것이다. 이러한 환경이 정착되고 강화될 수 있도록 모든 분야에서 다각적인 노력을 기울이고 있다.

대우건설 고유의 핵심가치, 핵심역량에 기초한 HR 전략을 통해 경영전략과의 연계성을 지속적으로 강화하고 회사의 성장이 개인의 발전으로 그리고 구성원의 역량개발이 회사의 성장으로 이어지는 선순환 고리를 실현해 직원들에게 '대우건설이 최고의 직장'이라는 강한 프라이드를 심어주고 있다.

● 인재육성

인재육성은 E&C 역량 강화, 개발사업 추진 및 사업관리 역량 강화, 해외사업 추진역량 강화, 핵심인력 양성체계 구축, 상시 학습체계 등 '5대 중점 추진과제'로 진행된다.

● 지원제도

사내 기금을 통해 주택 임차나 구입 때 필요한 자금과 긴급생활자금을 대부해준다. 선택적 복리후생제도는 기본 항목은 의료비 보조, 자녀 학비 지원, 건강검진 등, 자율 항목은 콘도 이용, 리프레시 휴가, 자기계발 등으로 구분해서 운영하고 있다.

우리사주조합제도를 운영하고 있으며, 임·직원의 복리증진 및 재산형성 지원과 회사와 직원 간의 공동발전을 위해 도입해 운영 중이다. 2003년 5월에 우리사주조합이 결성되어 3차에 걸쳐 청약을 실시했는데 임·직원의 참여율이 매우 높다.

대림산업

❖ 인재상

'한숲인상'으로 불리는 대림산업의 인재상은 멀리 내다보고 새로운 것을 찾으며 자기 일에 으뜸이 되고 팀워크를 이룰 수 있는 사람, 고객을 잘 알고 약속을 지킬 줄 알며 근검절약하는 사람을 말한다.

❖ 채용절차

서류 전형 ⋯▶ 종합직무능력검사 ⋯▶ 면접 전형(1·2차) ⋯▶ 건강검진

❖ 인사부장의 조언

대림산업은 장기적인 관점에서 관리자와 경영자를 육성하는 부

문과 조직 핵심직무에 대한 전문가를 육성하는 부문으로 나눠 채용한다.

서류 전형을 통해 기본 소양을 인정받은 지원자는 종합직무능력검사를 받는다. 검사를 통해 인성, 역량, 적성에 대한 전반적인 평가가 이뤄진다.

이어지는 1차 면접 전형은 PT(프레젠테이션)면접, 토의면접, 역량면접으로 나뉘어져 있다. PT면접은 주어진 주제에 대한 지원자의 기본지식과 민첩성을 평가하는 단계이고, 토의면접은 구성원들과의 융화를 평가하는 단계다. 1차 면접 전형의 마지막 단계인 역량면접은 지원자가 갖고 있는 역량에 대한 실무 담당자들의 전반적인 평가가 이뤄진다.

2차 면접 전형은 종합적으로 인성을 알아보는 형식으로 진행된다. 임원들이 참석해 지원자가 회사와 맞는 인재인지를 평가하는 단계다.

대림산업은 건설업을 지원하는 취업준비생들에게 꾸준한 인기와 사랑을 얻고 있는 회사다. 그만큼 안정적이며 업계 최고의 대우를 약속하는 회사이기도 하다. 인재 선발에 있어 매우 신중한 입장을 취하고 있다.

지원하기에 앞서 대림산업이라는 회사에 대해 꼼꼼히 준비하고 파악할 것을 권장한다. 주요 사업 분야와 회사의 핵심 가치 등을 파악하고 회사의 인재상에 맞는 인재라는 점을 강조한다면 좋은 결과를 얻을 수 있다.

❖ 인사부장이 말하는 직원에 대한 회사의 투자

- 인사제도

개인별 해당연도의 업무목표를 설정하고 목표 대비 업무실적 및 수행과정과 달성도를 평가하는데, 능력과 성과가 뛰어난 직원은 발탁 승진 및 연공(年功)에 관계없이 주요 보직수행의 기회를 부여한다.

- 교육제도

신입사원의 경우 회사의 핵심가치와 문화를 체득하는 것을 시작으로 직장인으로서 필요한 자세와 스킬을 습득하고 본부, 직무별로 중요한 기초 임무를 학습시킨다. 장기적인 관점에서 관리자·경영자를 육성하는 부분(건설경영아카데미: 과장급에서 부장급을 대상으로 미래의 관리자 및 재원을 양성하는 프로그램)과 조직의 핵심직무에 대한 전문가를 육성하는 부분(전략직무전문가 육성: 핵심직무를 선정해 국내외 대학원 등의 외부 전문교육 및 과제수행 등으로 업계 최고 수준의 전문가를 양성하는 프로그램)으로 구분해 핵심인재를 육성하고 있다.

비즈니스 영어 과정(영어 미팅·영어 프레젠테이션 등과 관련해 전문 강사와 함께 소그룹 형식으로 교육하는 Business English Skill Up 과정), 해외건설 영어 몰입 과정(연수원에서 합숙으로 이뤄지는 건설영

어 특화 과정으로 해외 현장 부임 후 원활한 업무 수행을 할 수 있는 역
량 배양) 등의 학습지원으로 임·직원의 글로벌 역량을 향상시키
고 있다.

현대중공업

❖ 인재상

현대중공업의 인재상은 미래지향적인 사고, 적극적 의지, 강인한 추진력을 바탕으로 무(無)에서 유(有)를 창조하는 고(故) 정주영 명예회장의 창업정신에 그 뿌리를 두고 있다.

기본에 충실한 사람: 기본에 충실한 사람은 자신의 행동에 책임을 지고, 자신에게 주어진 역할과 본분을 다할 뿐만 아니라 근면하고 성실하게 생활하며 매사에 정직한 자세로 일을 처리한다고 여긴다. 그리고 대인관계에서 상호 존중하고 고객에 대해서는 세심한 배려와 친절한 모습이 생활화되어 있으며 건전한 시민의식과 나라·사회에 봉사하는 정신, 교양, 인격을 지니고 있다고 본다. 자신만의 독특한 개성을 유지하되 충실한 기본이 있어야 발전

과 성장이 있다고 확신하고 있다.

풍부한 상상력으로 창의력을 발휘하는 사람: 미래는 뛰어난 창의력으로 고객 및 사회의 요구에 항상 새롭고 신속하게 대응하는 회사만이 성공할 수 있다고 확신하고 있다. 따라서 현실에 안주하지 않고 실패를 두려워하지 않으며 새로운 분야를 개척하고 끊임없이 추구해 미래를 자신의 것으로 창조하는 사람을 존중한다.

세계를 무대로 사고하고 최고를 지향하는 국제화 인재: '국제화 인재'는 유연한 사고, 폭넓은 시야 및 국제적 안목과 소양을 갖추고 항상 세계무대를 경쟁상대로 삼아 적극적으로 도전하는 사람이자 자신의 분야에서 핵심역량을 갖춘 전문인을 말한다. 현대중공업은 회사 설립 때부터 세계를 무대로 경쟁하면서 발전했는데, 글로벌 경영 환경에서 경쟁력을 확보하기 위해서는 회사를 운영하는 주체인 사람의 국제화가 가장 중요하다고 생각한다.

적극적인 자세와 강인한 추진력으로 실천하는 사람: 현대중공업은 다른 사람이 감히 하지 못하는 일도 적극적인 자세와 강인한 추진력으로 성공시킨 소중한 역사와 경험을 갖고 있다. '사람이 하는 일에 불가능이란 없다'는 강한 신념으로 신세계를 개척하는 인재를 존중한다.

❖ 채용절차

서류 전형 ⋯▶ 실무능력평가 ⋯▶ 인성면접 ⋯▶ 건강검진

❖ 인사부장의 조언

대졸 공채는 3월과 9월에 실시된다. 대학(원) 졸업예정 또는 기 졸업자 그리고 남자의 경우 병역필이나 면제자에 한해 진행된다.

서류 전형에 합격하면 실무능력평가가 이어진다. 실무능력평가는 영어능력시험과 한자시험, 공학기초검사, 직무적성검사 등으로 나뉜다.

영어능력시험은 토익 S&W(Speaking&Writing)를 실시한다. 한자시험은 대학교 교양 수준의 한자능력을 검증하는데 주관식이 포함되어 있다. 지원자들이 가장 어려워하는 시험이니 평소 한자 공부를 꾸준하게 해야 한다. 그리고 공학도로서 필수적으로 알아야 할 수학 · 물리 등의 기본상식을 확인하는 공학기초검사, 직무적성검사 등이 진행된다.

이어지는 인성면접은 임원이 참여하는 면접으로 5인 1조로 이뤄진다. 지원자의 가치관과 시사상식, 전공지식 등과 함께 인성, 끼를 파악한다.

❖ 인사부장이 말하는 직원에 대한 회사의 투자

● 인사제도

세계화 인재의 육성을 위한 다양한 해외연수과정, 최신 시설에서 외국인 강사와 함께하는 어학교육, 정보화 시대에 대응한 첨단 시설의 정보화 교육, 자기분야 세계 최고 전문가 육성을 위한 국내외 유수 대학에서의 유학과정, 업무분야별로 다양한 직무교육 등 신입사원에서 최고 경영자까지, 입사에서 퇴직까지 최고의 인재로 육성하기 위한 최고 수준의 교육이 준비되어 있다.

또한 다양한 직무경험 기회를 제공해 폭넓은 시각을 지닌 인재 육성, 종업원의 직무만족도 향상 및 능력계발(전환배치제도), 사내 관련 부서에 일정 기간 파견 근무를 해서 다양한 업무경험을 할 수 있도록 하는 제도(사내유학제도), 신규사업 또는 신규 프로젝트 수행을 위해 인력 충원이 필요한 경우 사내 인력을 배치해 활용하는 제도(사내공모제도), 해외 일류기업의 우수역량에 대한 벤치마킹 연수를 실시해 종업원 개개인의 능력 신장을 통한 회사의 내부 역량 강화(해외 선진기업 벤치마킹 연수) 등으로 경력계발을 지원하고 있다.

● 지원제도

종업원의 내 집 마련을 가장 중요한 복지정책으로 삼아 기존 회사의 부지에 분양주택을 건립하거나 삶의 질을 한층 더 높이기 위한 주택재건축사업을 추진해서 양질의 주택을 염가로 공급해 종업원이 손쉽게 집을 마련하도록 하고 있다. 독신자를 위해서는 현재 6개 지역 10개동 기숙사를 운영하고 있으며 약 3,300명이 살고 있다. 입숙자의 불편사항을 수렴하여 기숙사 환경개선을 지속적으로 추진하고 있다.

특히 2009년 1월 지하 2층, 지상 14층으로 신축된 현대식 기숙사인 화암관은 기숙사 규모로는 전국 최대를 자랑할 뿐만 아니라 체력단련실, 당구장, 탁구장 등의 체육시설과 노래방, 홈시어터, 컴퓨터실, 어학실, 독서실 등 다양한 편의시설과 대형 주차장을 갖추고 있다.

연간 120일이 넘는 휴일을 임·직원들이 편안하고 활기차게 활용할 수 있도록 전국의 휴양시설 이용을 지원하고 있다. 또한 맞벌이 기혼여사원을 위한 직장보육시설을 설치해 운영하고 있으며 종업원 자녀 채용 우대, 우리사주제도 운영, 사내근로복지기금 운영, 정년퇴직자 특별 포상 및 부부 동반 국내여행 경비 등을 지원하고 있다.

대우조선해양

❖ 인재상

대우조선해양(DSME: Daewoo Shipbuilding&Marine Engineering)에서 원하는 인재는 대우조선해양 구성원으로서 갖춰야 할 기본 자질과 행동 양식인 '신뢰'와 '열정'의 DSME 핵심가치를 구현하는 역량이 있어야 한다. 이를 위해 성실성과 변화 및 혁신지향성, 고객지향성, 협력성, 자기계발능력, 주도성·적극성, 책임감 등을 겸비해야 한다.

❖ 채용절차

서류 전형 ···▶ 면접 전형 ···▶ 인·적성검사 ···▶ 신체검사 대졸 채용은 상반기 4~6월 사이에 이뤄진다. 서류 전형에서는 해당 전공과 학업 성적, 영어활용능력(토익, 토플, 텝스 등 공인어학시험 성적), 정보기술활용능력(하드웨어, 소프트웨어 활용능력), 자격증 및 면허증, 자기소개서 등을 통해 기초 역량을 평가한다.

면접 전형은 역량면접과 인성면접, 영어면접 등으로 나뉜다. 역량면접에서는 모집 분야별 전문가에 의한 DSME 전문역량 검증이 진행된다. 인성면접은 지원자들 간 토론과 질의응답을 통해 인성 및 DSME 기초역량 검사가 진행되고, 마지막 영어면접에서는 원어민과의 대화를 통한 실질적 영어 구사능력을 집중적으로 검증한다. 이밖에 석사 이상의 연구직 지원자에 한해 연구논문 발표를 실시하기도 한다.

인·적성검사에서는 기본적인 인성과 사무능력 평가를 실시한다. 이후 합격자들을 대상으로 DSME 인턴십 체험과정이 진행된다. 기간은 4~6주간 진행되며 숙식 및 실습비 제공, 인턴십 과정 이수 시 입사 후 수습기간 1개월 면제 등의 혜택이 주어진다. 이 기간 동안 대우조선해양인(人)의 기본소양과 생산현장 교육, 실무교육을 받는다.

지원자들이 가장 어려워하는 부분이 바로 영어면접이다. 원어민과의 대화를 통한 실질적 영어 구사능력을 집중적으로 검증하는 만큼 꾸준한 준비가 필요하다. 토익 등 다른 어학 점수는 단기

적인 학습을 통해 점수를 끌어올릴 수 있지만 영어회화는 오랜 준
비가 필요하기 때문이다. 대우조선해양에 입사하고자 한다면 영
어 공부를 적극 권장한다.

❖ 인사부장이 말하는 직원에 대한 회사의 투자

● 기업문화

대우조선해양은 신뢰를 바탕으로 모든 분야에서 원활한 협력관
계를 유지하고 있으며, 특히 노사화합과 고객감동을 이뤄나가고
있다. 또한 구성원들의 자부심과 구성원들 간 관계의 질을 높여
일할 맛 나는 회사를 구현하고 있다.

● 지원제도

사원 아파트 및 독신자를 위한 기숙사를 제공하고 주택융자대
출 알선 및 주거보조금을 지원하고 있다. 자녀 학비를 지원해주고
있으며 사내뿐만 아니라 사외에도 의료시설을 정해 직원들의 건
강을 적극적으로 챙기고 있다.

hynix

하이닉스

❖ 인재상

하이닉스는 도전, 창조, 협력을 실천하는 인재를 원한다. 바로 어떠한 역경 속에서도 위기를 기회로 만드는 자신감과 능력을 지니고 더 높은 목표를 향해 기꺼이 도전하는 인재, 끊임없는 학습과 자기혁신을 통해 개인과 조직의 지속 성장을 추구하고 잠재 역량을 최대한 발휘해 최상의 가치를 창출하는 인재, 이해와 존중을 기반으로 적극적으로 협력하여 상호 신뢰 관계를 구축하고 이를 통한 조직과 개인의 최상의 성과를 추구하는 인재이다.

❖ 채용절차

서류 전형 ⋯▶ HYNAT 전형 ⋯▶ 면접 전형 ⋯▶ 건강검진 매년 상·하반기 2회에 걸쳐 정기적으로 공개채용을 실시한다. 그리고 분야별 인력 소요가 생기면 연중 수시 채용을 진행하며, 별도의 공고를 통해 모집한다.

서류 전형에서는 제출한 지원서를 바탕으로 학력 사항, 어학 능력 등을 검토해 모집 분야와의 연관성을 종합적으로 판단한다. 현업 및 인사 전형위원이 자기소개서를 공동으로 검토하면서 하이닉스가 추구하는 인재상, 핵심가치와 얼마나 부합하는지를 면밀히 검증한다.

다음 전형은 HYNAT이다. HYNAT(HYNix Aptitude Test)은 합리적인 인재 선발 및 적합한 직무 배치를 위해 국내 우수 대학교 연구진과 공동 개발한 직무적성검사이다. 서울, 대구, 청주 등 권역별로 실시되며 세부 장소는 지원서 제출 때 작성한 학교 소재지 기준으로 결정된다. 공통역량 5개 및 직군별 역량 2개 등 총 7개 역량 92문항으로 구성되어 있으며 검사 시간은 약 1시간이다.

면접 전형에서는 지원자의 가치관, 성격의 특성, 보유역량 수준 등을 종합적으로 검증하기 위해 두 차례에 걸쳐 면접을 실시한다. 두 차례 모두 지원 분야별로 3명이 한 조로 들어가는 다 대 다 형식이며, 소요시간은 한 조당 30분 정도다.

1차 면접은 현업 부서의 그룹장으로 면접위원이 구성되며, 전공 지식 및 실무 수행 능력을 측정한다. 인사 부서에서도 1명씩

면접위원으로 참석하는데, 이는 현업부서와 인사부서에서 서로 놓칠 수 있는 부분을 크로스 체크(Cross Check)하기 위해서다.

임원(본부장)이 면접위원으로 참석하는 2차 면접은 지원자의 인성, 가치관 등을 평가해 하이닉스의 핵심가치 및 인재상과 부합하는 인재를 선발한다.

건강검진은 지원자의 기본적인 건강 체크를 위해 2차 면접 당일 동시에 실시한다.

❖ 인사부장이 말하는 직원에 대한 회사의 투자

● 교육제도

대학 교수진이 회사로 출강해 직원이 회사생활을 하면서 학업을 병행할 수 있도록 사내 위탁대학(하이닉스 사내대학)을 운영하고 있다. 학업에 열의가 있는 우수 직원이 공부할 수 있도록 외부 대학의 석·박사 과정 및 MBA 과정에 파견하고, 연봉과 함께 학비 전액 및 수학비용 등을 지원하고 있다(수학파견제도).

전략과제 수행에 필요한 고급기술 습득을 위해 카이스트 교수진을 회사 교육장소로 오게 해서 약 6개월 동안 업무를 하지 않고 교육에 전념하도록 하는 프로그램(팀 프로젝트)도 있다(급여 100% 지급).

특정 분야의 기술을 습득하기 위해 외부의 전문 교육기관 및 대학 LAB실에 직원을 파견해서 6개월 동안 교육에 전념하도록 하는 프로그램(외부 교육기관 및 대학 단기 파견), 해외법인 주재원 파견 예정자 및 업무상 우수한 외국어 능력이 요구되는 직원에게 3개월 동안 외국어를 집중 교육하는 프로그램(외국어 집중 프로그램) 등이 있다. 교육의 효과를 높이기 위해 프로그램에 참여하는 기간에는 업무에서 열외를 시키고 있다.

● 지원제도

사원들의 재산 증식과 노후 생활안정을 위하여 개인연금에 가입할 경우 월 연금 납입액의 50%를 지원해주고 있다. 의료비 지원, 건강검진 진행, 자녀 학자금 및 경조금 지급은 물론 사원들의 주택 구입 및 임차에 필요한 자금의 일부를 회사가 지원해준다. 1996년 기업 공개에 따라 사원들에게 회사에 대한 주인의식을 갖고 재산형성에 기여할 수 있도록 하기 위해 우리사주조합을 결성해 운영하고 있다.

AMORE PACIFIC
CORPORATION

아모레퍼시픽

❖ 인재상

아모레퍼시픽은 'Asian Beauty Creator'라는 인재상을 갖고 있다. 'Asian Beauty Creator'의 사명감을 가진 혁신적이고 도전적인 인재를 위해 문을 활짝 열어놓고 있다.

아시아를 넘어 세계로 나아가기 위해 타 문화를 이해하고 공감하는 글로벌 마인드를 갖추며 세계와 경쟁할 수 있는 자기분야 최고의 전문가가 되기 위해 끊임없이 노력하는 인재(지속적인 자기계발을 통해 최고를 지향하는 글로벌 인재), 누구도 밟지 못한 미(美)의 혁신적인 영역에 도전하기 위해 목표의식과 위기의식을 바탕으로 변화를 빠르게 감지하면서 새로운 영역에 과감하고 민첩하게 도전하는 인재(끊임없는 도전과 열정으로 혁신을 주도하는 인재),

더불어 성장하기 위해 나와 다름을 존중하고 친밀한 자세로 타인의 의견을 경청하며 협업을 통해 시너지를 창출할 수 있는 인재(다양성에 대한 존중과 소통의 자세로 팀워크에 기여하는 인재), 고객의 곁이 언제나 우리의 자리라는 생각으로 철저한 도덕성과 윤리의식을 바탕으로 자신의 일에 소명의식을 갖고 고객과 사회에 줄 수 있는 가치에 대해 고민하고 행동하는 인재(도덕성과 주인의식을 갖고 사회적 책임을 다하는 인재)를 원한다.

❖ 채용절차

서류 전형 ⋯▶ 전문성면접 ⋯▶ 역량면접 ⋯▶ 최종면접

❖ 인사부장의 조언

아모레퍼시픽은 매년 상반기와 하반기 공개채용을 통해 우수한 역량을 갖춘 신입사원을 선발하고 있다.

서류 전형에서는 인사팀에서 지원자의 학력 사항, 어학 능력, 경험 사항, 특이사항, 자기소개서를 중심으로 평가한다. 특히 인턴과 아르바이트 등 경험활동도 평가항목에 포함되어 있다는 것을 기억하라.

이어지는 전문성면접은 기본적인 실무 수행에 필요한 역량과 조직적응능력을 갖췄는지를 알아보는 평가다. 평가자는 지원자가 지원한 예정부서에서 진행하며, 채용예정부서 담당자들이 면접관

이 된다. 평가방법은 직무별로 상이한 면접방식이 채택된다.

역량면접에서는 아모레퍼시픽 구성원의 공통역량을 평가한다. 전문역량 면접관이 평가를 담당하는데, 다른 회사에서는 보기 힘든 새로운 형태의 협상면접과 케이스 스터디면접이 진행된다.

마지막 관문인 최종면접에서는 지원자의 지원 동기와 개인 인성, 회사 인재상과의 부합 정도를 평가한다. 평가자는 임원이며, 다 대 다 방식으로 진행된다.

아모레퍼시픽은 까다로운 면접 전형으로 유명하다. 그만큼 면접에 대한 철저한 분석과 준비가 필요하다.

❖ 인사부장이 말하는 직원에 대한 회사의 투자

● 신입사원 교육

중국 연수(해외 현지조사 연구 활동), 직무 OJT, 기본적인 경영 관련 지도, 멘토링 활동 등으로 신입사원 교육을 진행하고 있다. 이처럼 다양한 교육을 통해 글로벌 경쟁력을 갖춘 아모레퍼시픽인(人)으로 육성하고 있다.

● 지원제도

직원들의 생활안정과 내 집 마련의 꿈을 실현하기 위해 주택 구입이나 전세자금에 대해 저리로 지원하고 있다. 직원의 자녀교육에 대한 재정적인 부담을 덜어줌으로써 회사와 가정을 하나로 연결해 소속감을 갖고 근무에 정진할 수 있도록 전 종업원을 대상으로 중학교부터 대학교까지 전액 학자금을 지원해주고 있다.

직원들의 소중한 자녀들의 보육을 위해 회사에 사내 보육시설을 운영하고 있다. 현재 본사 및 기술연구원, 스킨케어사업장에서 운영 중이며 지역사업부까지 점차적으로 규모를 늘릴 계획이 있다. 리프레시 휴가제도는 열심히 일한 직원에게 재충전 기회를 부여하고자 마련했다. 2개월 만근 시 1일이 발생하며 1년 만기근로자에 한해 추가로 1일이 주어지는 휴가로 연이어 사용도 가능하다.

NHN

❖ 인재상

끊임없이 새로운 것을 개발하고 새로운 방법을 모색하는 인재, 창의적이며 혁신적인 마인드를 중요하게 생각하고 쉼 없는 열정으로 일에 도전하고 성취하려는 자세를 갖고 있는 인재, 자신이 NHN의 주인이라는 책임감으로 매사에 임하며 사람들 간의 신뢰를 중요하게 생각하는 인재를 원한다.

❖ 채용절차

지원서 등록 ⋯▶ 서류 전형 ⋯▶ 예비 조사(Pre-test) ⋯▶ 1차 면접과 직무적성검사 ⋯▶ 2차 면접 ⋯▶ 채용검진

　NHN은 젊은 생각으로 함께 꿈을 이뤄갈 신입사원을 정기적으로 채용하고 있다. 대상은 채용시점 기준으로 1년 내 졸업예정자 및 실무경력 2년 미만의 졸업자이며, 세부 모집요강은 채용 때 홈페이지를 통해 별도 공지한다.

　지원서 접수의 경우 진행 중인 채용공고 내용을 확인하고 희망 분야의 입사지원서를 작성한다. 진행 중인 채용이 없거나 희망 분야의 채용이 진행되지 않으면 모집 분야별 업무내용과 지원 자격 확인 후 상시 인재풀(Pool)에 지원서 등록이 가능하다. 상시 인재풀은 해당 부문에서 인력이 필요해지면 등록된 지원서를 우선적으로 검토해 연락하는 제도다.

　서류 전형에서는 지원서의 기본 사항, 자기소개서가 충실하고 성의 있게 작성되었는지 심사한다. 모집 부문별 자격요건에 부합하는지 여부를 심사하고, 채용계획 인원을 감안해 면접 전형의 대상자를 선정한다.

　이어지는 예비 조사(Pre-test, 실력을 알아보기 위한 예비 테스트)에서는 신입사원 직무능력검사와 필기시험(기술부문에 한함)을 실시한다.

　1차 면접과 직무적성검사에서는 지원자의 해당분야에 대한 잠재역량과 성장가능성을 평가한다. 1차 면접 합격자에 한해 온라인으로 직무적성검사를 실시한다.

2차 면접에서는 그동안의 채용과정 결과를 근거로 인성·자질·능력을 종합적으로 평가하며 채용계획 인원을 감안해 최종 합격자를 선정한다.

NHN에서는 지원자의 잠재능력을 가장 크게 평가하고 있다. 신입사원들은 해당 분야의 잠재역량과 성장가능성을 평가받는데, 이 과정에서 NHN는 필요한 인재인지를 검증한다. NHN의 인재상처럼 창의적이고 혁신적인 인재, 도전과 열정을 갖고 있는 인재라는 점을 부각시킬 것을 당부한다. 또한 정식 채용기간이 아니라도 상시 인재풀에 등록해 NHN에서 사람이 필요할 때 우선적인 기회가 부여될 수 있도록 신경 써야 한다.

❖ 인사부장이 말하는 직원에 대한 회사의 투자

● 성과관리

'목표수립—업무관리—성과평가'로 성과를 관리하며 연중 상시 업무관리, 년 2회 정기 성과평가를 진행한다. 급여는 동종업계 최고로 대우해주며, 성과에 따른 명확한 보상과 경영성과에 따른 특별한 인센티브를 지급한다.

● 지원제도

복리후생 포인트는 자기계발, 문화 및 레저, 건강관리 등 개인별로 다양한 요구 사항을 충족시키기 위한 선택적 복리후생 제도다. 개인별로 부여된 복리후생 포인트를 본인의 취향과 라이프스

타일에 맞게 사용할 수 있다. 갑자기 찾아오는 각종 사고와 질병의 고통에서 벗어날 수 있도록 직원 및 가족들을 대상으로 4대 보험 외에 단체상해보험을 추가로 가입하고 있다.

하루를 든든하게 시작할 수 있도록 출근 시 김밥, 샌드위치 등 다양한 아침식사를 제공하고 있으며 매주 수요일 오후에는 직원들의 비타민 섭취를 위해 무공해 과일을 제공한다.

직원들이 이사, 결혼 등의 사유로 목돈이 필요할 때 회사에서 대출이자를 지원하고 있다. 자녀에 대한 걱정 없이 안정적으로 근무할 수 있도록 믿고 맡길 수 있는 어린이집을 통해 보육서비스를 지원하고 있으며, 출산 후 모유수유를 희망하는 직원들을 위해 모자유친방도 운영하고 있다.

3년에 한 번씩 열심히 일한 직원들에게 자유롭게 활용할 수 있도록 충분한 휴식과 재충전의 기회를 제공한다.

다음

❖ 인재상

Creativity: 기존 관행에 의존하지 않고 새로운 변화에 도전하는 인재.

Open Communication Daum人: 생산적인 커뮤니케이션 기술로 결과물을 만드는 인재.

Fun: 업무 및 동료, 고객과의 관계에서 긍정적인 생각과 태도를 지닌 인재.

Integrity: 늘 올바른 가치 기준과 방식으로 생각하고 행동하는 인재.

Passion: 일과 비즈니스에 대한 열정을 갖고 있는 적극적인 인재.

Professional: 항상 최고의 전문가가 되고자 노력하는 인재.

❖ 채용절차

서류 전형 ⋯► (개발자의 경우) 코딩테스트 ⋯► 면접 전형(1·2차)

❖ 인사부장의 조언

서류 전형에서는 필요 요건과 직무경력, 지원 동기를 중점적으로 심사한다. 개발자는 코딩테스트 단계가 추가된다.

면접 전형은 1차 직무면접과 2차 인성면접으로 진행된다. 1차 직무면접에서는 해당 팀장과 실무진이 참석해 지원자의 직무와 연관된 지식 등에 대한 집중적인 평가가 진행된다.

2차 인성면접에서는 HR팀 및 경영진이 직접 면접에 참여한다. 다음의 인재상과 부합한지를 집중적으로 평가하며 인성과 품행에 대한 평가가 진행된다. 기술 관련 지원자는 기술 면접을 따로 실시하고 있다.

인력이 필요하면 다음의 각 팀 채용담당자가 우선적으로 지원자들의 이력서를 검색할 수 있도록 다음 인재풀을 운용하고 있다. 따라서 서류 작성부터 본인의 역량과 끼를 마음껏 기술한다면 정기 채용이 아닌 상시 채용에서 다음의 직원이 될 수도 있다.

❖ 인사부장이 말하는 직원에 대한 회사의 투자

- 보상체계

금전적 보상(기본 연봉＋인센티브＋스톡옵션)은 직무 및 경력계발 단계에 따라 개인별 성과 및 대외 경쟁력을 반영한 기본 연봉과 매년 상·하반기 성과에 따라 차별적으로 주어지는 인센티브, 그리고 근로조건에 따른 각종 수당 지원 및 정기보상정책의 일환인 스톡옵션 등으로 구성되어 있다.

비금전적 보상(교육·계발＋자기계발＋복리후생)은 총급여를 제외한 넓은 개념의 보상체계다. 마일리지제도, 대출제도, 의료비 지원, 자녀교육비 지원 등의 복리후생과 교육·계발, 자기계발비 지원 등으로 구성되어 있다.

● 지원제도

신택적 복리후생제도의 일환으로 다음 직원 개개인의 개성과 창의성을 계발할 목적으로 어학, 도서구입, 여행, 운동, 동호회 활동 등에 자유롭게 사용할 수 있도록 최대 연 240만 원까지 지원하고 있다(Daum 마일리지). 리프레시를 위해 3년 근속 시마다 파격적인 안식휴가와 휴가비를 지원한다.

질병, 사고로 본인 및 직계가족의 입원비 등이 발생했을 때 최고 1,000만 원의 의료비를 지원한다. 직원의 복리증진과 생활안정을 목적으로 최대 5,000만 원까지 대출 지원을 하고 있다.

제주에서 근무하고 있는 직원들에게 원활한 생활을 위해 제주생활 지원금, 제주정착 지원금, 보육 교육수당 지원, 명절항공권 지원, 이동 첫 달 원룸 지원, 탐색항공권 지원, 이사 비용 지원, 주택 대출 지원, 셔틀버스 운행 등을 제공하고 있다.

한국전력공사

❖ 인재상

한국전력공사(이하 한국전력)의 인재상은 열정과 실행력을 갖춘 올바른 세계인(Global Right People)이다.

열정과 행동의 실천인: 열정과 실행력으로 새로운 가치창출에 끊임없이 도전하는 혁신 마인드를 갖춘 인재, 글로벌화된 교양을 갖추고 정보화 시대에 걸맞은 미래지향적 사고를 추구하는 인재.

더불어 발전하는 협력인: 팀워크와 희생정신 그리고 주인의식을 바탕으로 경쟁에서 승리하는 강한 조직을 구성하는 인재, 더불어 살아가는 높은 도덕성을 바탕으로 화합과 봉사와 책임을 다하는 인재.

창의로 진화하는 전문인: 격변하는 환경에 빠르게 적응해 글로벌 경쟁력을 유지할 수 있는 창조적인 사고와 유연성을 갖춘 인재, 끊임없는 자기계발로 새로운 가치를 창출해 자기 분야에서 최고를 실현할 수 있는 인재.

❖ 채용절차

서류 전형 ⋯▶ 필기시험 ⋯▶ 면접 전형 ⋯▶ 신체검사

❖ 인사부장의 조언

학력과 연령에 제한이 없는 공개채용 형식으로 이뤄지며, 4직급으로 채용된다. 서류 전형에서는 어학성적 및 관련 자격기준 등을 중점으로 평가한다.

필기시험에서는 전공 80%, 상식 20%로 구성된 전공필기시험을 치른다.

면접 전형은 논술과 인·적성검사, 면접으로 이뤄져 있다. 면접의 경우 개별면접과 집단 토론으로 진행된다. 개별면접은 개인의 역량을 알아볼 수 있는 심층면접이고, 집단 토론은 조직 문화를 잘 알고 이해하는 사람인지를 평가하는 면접이다.

마지막으로 신체검사에서는 공무원 임용 신체 검사규정을 기준으로 진행하며 신원조회를 통해 최종 선발된다.

한국전력 취업을 준비한다면 전공필기시험에 시간을 많이 투자해야 한다. 전공과 상식으로 구성된 전공필기시험을 통과하지 못

하면 면접의 기회조차 잡을 수 없기 때문이다. 공사(公社) 대부분이 필기시험을 진행하고 있으니 피해갈 수 없다.

조직문화를 이해하고 잘 적응하는 인재라는 점을 전형 과정에서 자주 피력한다면 좋은 결과를 얻을 수 있다. 지원 직무에 맞는 자격증을 보유하고 있다면 가산점이 주어지기 때문에 자격증 취득을 권한다.

❖ 인사부장이 말하는 직원에 대한 회사의 투자

● 인력계발

미래 성장 동력 분야의 전문 인재, 글로벌 기업 수준의 해외사업 전문가를 육성하고 경영관리능력 함양을 위한 교육을 국내외 대학원 등과 연계해 시행하고 있다. 직원들의 역량 향상을 위한 교육의 일환으로 사내교육(KEPCO Academy)을 활성화하고 있다.

● 지원제도

주택구입 자금(5,000만 원), 전세 자금(3,000만 원), 생활안정자금(2,000만 원)을 대출해주고 있으며 사택 및 독신자 숙소를 제공하고 있다. 사내 복지기금을 운영해 각종 경조금 및 구호금을 지급하고 상해보험에 일괄적으로 가입하고 있다.

한국수자원공사

❖ 인재상

한국수자원공사의 인재상은 크게 3가지로 구분된다.

순수인: 깨끗한 물의 이미지를 지향한다는 의미로, 물에 내재된 공적 가치를 실현하고 정직한 삶을 추구하는 마음을 가진 인재.

열정인: 역동적인 물의 힘을 지향한다는 의미로, 주인의식을 갖고 진취적으로 미래를 개척하는 의지를 지닌 인재.

창조인: 생명의 원천인 물의 속성을 지향한다는 의미로, 창의적 사고와 열린 자세로 새로운 가치를 창출하는 인재.

❖ 채용절차

서류 전형 ⋯▶ 1차 전형(KACT) ⋯▶ 2차 전형(전공시험) ⋯▶ 3차 전

형(면접)

❖ 인사부장의 조언

한국수자원공사에서 주요 채용 분야는 행정과 기술 분야로 나뉜다. 학력과 전공, 연령에 관계없이 지원 가능한 열린 채용으로 진행되며, 어학성적은 토익 750점 이상 또는 이와 동등한 해당 외국어 공인어학성적 소지자이면 지원이 가능하다.

서류 전형에 통과한 지원자들을 대상으로 1차 전형인 KACT를 한다. KACT(K-water Aptitude&Competency Test)는 직무능력검사와 직무역량검사로 이뤄져 있다. 직무능력검사는 한국수자원공사의 업무를 수행하는 데 요구되는 기본 역량 수준을 측정하기 위한 것으로, 수리영역과 추리영역으로 구성되어 있다. 직무역량검사는 한국수자원공사의 핵심가치에 적합한 인재를 선발하기 위한 것으로, 지원자의 특질·동기·인성 등을 포함하는 검사도구다.

2차 전형은 전공시험이다. 응시분야별 과목 중 1가지를 택하며 객관식과 주관식으로 이뤄져 있는데, 시험의 난이도는 대졸 이상 학력자라면 통과할 수 있는 수준이다.

3차 전형은 면접이다. 면접은 인성과 전공 관련 프레젠테이션 면접, 영어면접으로 진행된다. 전공 관련 지식에 대한 철저한 준비를 해야 한다.

❖ 인사부장이 말하는 직원에 대한 회사의 투자

석·박사 학위과정은 국내외 대학원에, 전문가 육성 관련해서는 국내외 직무전문기간에 위탁하여 직원 교육에 투자를 많이 하고 있다. 또한 직원들의 주거 안정을 위해 사택 및 독신자 숙소를 제공하며 주택 구입 자금을 지원하고 있다. 생활자금을 대부해주고 학자금은 융자해주고 있다.

한국수력원자력

❖ 인재상

창조 인재: 기존의 형식주의를 타파하고 발상과 인식을 전환할 수 있으며, 열정과 도전정신으로 변화를 선도하고 혁신을 통해 미래를 개척하는 인재.

전문 인재: 자기분야에 대한 전문적인 지식과 노하우를 갖추고 1인자가 되기 위해 끊임없이 노력하는 인재.

글로벌 인재: 글로벌 시대에 맞는 국제적인 감각과 능력을 가졌으며 다양한 문화를 이해하고 적용해 자신의 것으로 소화하는 능력을 가진 인재.

휴머니스트: 인간미와 도덕성으로 더불어 사는 삶을 실천하며 건전한 사고와 윤리의식을 갖추고 기본과 원칙에 충실한 인재.

❖ **채용절차**

서류 전형 ⋯ 1차 전형(전공·상식 필기시험) ⋯ 2차 전형 ⋯ 신체 검사

❖ **인사부장의 조언**

한국수력원자력은 정규직 연계형 인턴사원으로 신입사원을 선발한다. 인턴교육 후 평가결과를 반영해 정규직 여부를 결정한다. 인턴기간은 약 6개월이며, 이 기간 보수는 월 140만 원 수준이다. 정규직 전환 후 대졸 신입사원 처우를 받는다.

주요 모집 부문은 사무 부문과 기술 부문이다. 서류 전형의 통과자들을 대상으로 1차 전형을 실시하는데 전공·상식 필기시험을 치른다. 모집 분야별 전공 관련 90문항(해당 분야의 4년제 대학 전공자가 이수하는 과목이 출제 대상이며 원론 수준으로 출제한다), 공통일반상식 10문항(PC기초, 일반상식, 회사상식, 한국사 등으로 구성)으로 이뤄진 100문항을 100분 동안 풀어야 한다. 그리고 지원자가 취득한 공인 외국어 성적은 환산표에 따라 점수가 반영된다. 최종 선발 인원의 2.5배수를 선발한다.

2차 전형의 경우 논술과 면접, 외국어, 적성검사, 인성검사 순으로 진행되는데, 최종 선발인원의 1배수 규모로 선발한다. 면접은 개별면접과 집단면접(주제는 면접 1주일 전 채용게시판에 공지)으로 진행되며, 적성검사와 인성검사는 적합과 부적합으로 판정된다.

한국수력원자력은 영광·월성·울진 원자력본부별로 지역주민을 대상으로 선발하는 지역 모집 전형이 실시된다. 그러므로 해당 지역 연고가 있는 지원자라면 지역 모집 전형을 권한다.

토익 레벨 5, 오픽 IL 이상 성적 보유자는 가산점을 받을 수 있고 변호사, 변리사, 공인회계사, CFA(공인재무분석사), 세무사, 공인노무사, 감정평가사, 해당분야 기술사 소지자는 우대받는다.

❖ 인사부장이 말하는 직원에 대한 회사의 투자

지방 근무자에게는 사택을 제공하고, 주택 자금 융자를 통해 직원들의 내 집 마련을 앞당겨주고 있다. 사내근로복지기금을 운영하면서 경조금, 유아자녀교육비, 대학교 학자금, 생활안정자금 등을 지원하고 있다.

선택적 복지제도 운영의 차원에서 복지카드를 지급하고 있다. 개인별로 기준 포인트 범위 내에서 연간 설계에 따라 건강검진 등을 자율적으로 선택해 사용하면 된다.

KAC
한국공항공사

❖ 인재상

한국공항공사에서는 전문지식과 책임을 갖고 담당 분야의 글로벌 스탠더드를 이루고자 항상 노력하는 전문인, 풍부한 창의력과 실천력을 갖추고 현실에 안주하지 않으면서 항상 새로운 것을 탐구하는 혁신인, 인간미·도덕성을 갖추고 조직인 및 사회인으로서의 역할과 책임을 앞장서서 행동하는 실천인을 인재로 원하고 있다.

❖ 채용절차

서류 전형 ⋯⋅▸ 필기시험 ⋯⋅▸ 면접 전형 ⋯⋅▸ 신체검사 및 신원조회

❖ **인사부장의 조언**

한국공항공사의 채용은 공개경쟁 시험으로 실시되며, 학력과 전공 연령에 제한이 없는 열린 채용으로 진행된다. 서류 전형을 통과하면 필기시험이 기다리고 있다.

필기시험은 행정직과 행정직 외로 구분되며 공통 과목 100점과 전문 과목 200점으로 배점이 나뉜다. 공통 과목에서는 일반상식 문제가 출제되고 전문 과목은 행정직의 경우 법학·경영학·회계학·항공 교통학 중 1과목을, 행정직 외는 해당 직종별 전문 1과목을 선택해야 한다. 필기시험 범위와 관련된 사항은 채용공고 때 별도로 지정한다.

필기시험 통과자들은 실무진면접과 임원면접, 총 2회의 면접 전형을 실시한다. 실무진면접에서는 해당 실무에 맞는 실무능력 위주의 검증이 진행되며 임원면접에서는 지원자의 인성에 대한 종합 검증이 진행된다. 면접 전형의 합격자들은 신체검사와 신원조회를 거쳐 입사한다.

지원자들이 가장 어려워하는 부분이 필기시험이다. 공통 과목의 경우 일반상식 문제가 출시되는 만큼 평소 신문 등으로 시사상식을 쌓아야 한다. 전문 과목은 알다시피 지원자의 전공에 맞는 과목에 따라 꾸준한 준비가 필요하다.

공사에 지원하는 이들이 대부분 재학 시절부터 시험을 준비하는 만큼 입사를 위해서는 하루라도 빨리 체계적인 계획을 세워 전공과목을 공부해야 한다.

❖ 인사부장이 말하는 직원에 대한 회사의 투자

● 인재육성제도

사내 항공기술훈련원의 직무 및 계층교육, 전문인 양성을 위한 국내 및 해외(해외 공항전문 교육기관인 FAA, ICAO 등)에 위탁교육을 하고 있으며 전문자격증 취득자에 대한 지원 제도를 운영하고 통신교육이나 온라인으로 상시 학습체계를 만들었다.

● 지원제도

매년 직원들 건강검진을 실시하고 있으며, 결혼 자금 및 주택 자금을 융자해주고 있다. 전보자는 주택을 지원해줘 안정된 생활을 할 수 있도록 하고 있다.

한국수출입은행

❖ 인재상

고객가치 창출에 기여하면서 최고의 전문가를 추구한다. 국민과 고객에게 신뢰받는 동시에 리더십과 팀워크를 중시하고 미래와 세계에 도전하는 수은인(한국수출입은행인)을 인재상으로 삼고 있다.

❖ 채용절차

서류 전형 ⋯▸ 필기 전형 ⋯▸ 면접 전형

❖ 인사부장의 조언

한국수출입은행은 매년 하반기 정기 공채를 시행하고 있다. 필요할 때는 상반기 공채도 시행한다. 채용절차를 살펴보면 크게 3가지 전형으로 구분된다.

인터넷을 통한 원서접수를 한 뒤에는 서류 전형이 진행된다. 서류 전형에서는 지원자의 학력과 어학성적, 자격증 취득 여부 등 다양한 범위에서 포괄적인 심사를 실시한다.

필기 전형은 전공시험과 영어시험으로 구분해 실시한다. 전공시험은 전공에 따라 과목이 다르게 선정되며 객관식과 주관식, 논술로 구성되어 있다. 전공 출제범위는 4년제 대학교 해당 전공과정에서 배우는 전 과목이다. 영어시험은 100점 만점으로 토익 S&W(Speaking&Writing)로 구성되어 있다. 전공분야와 지원 분야에 따라 다르게 적용되며, 최종 내용은 서류 전형 합격자를 발표할 때 함께 공지된다.

마지막인 면접 전형은 실무진면접과 경영진면접 등 2단계로 구분해 진행되는데, 실무진면접 때 인성검사도 함께 실시한다. 실무진면접은 집단 토론 면접, 경영진면접은 다 대 다 방식으로 진행된다. 구체적인 것은 필기 전형 합격자 발표 때 함께 공지되니 이를 참고하면 된다.

한국수출입은행은 수출입과 해외투자 및 해외자원 개발 등 대외 경제 협력에 필요한 금융을 제공해 국민 경제의 건전한 발전을 촉진한다는 목적으로 설립된 만큼 해외 업무를 주로 담당하고 있다. 그만큼 뛰어난 영어 실력을 가지고 있는 사람이라면 가산점을 받을 수 있다.

❖ 인사부장이 말하는 직원에 대한 회사의 투자

● 인사제도

국내외 연수를 시행하고 있다. 연수 내용으로는 부서 내·외에서 진행되는 업무 연수, 유수 대학원 과정의 학술 연수, 어학과정 연수 등이 있다. 경력계발계획서를 통한 본인 희망과 부서장, 팀장 등 조직 관리자의 의견을 모두 고려한 이동관리로 각 직원의 경력계발을 지원하고 있다.

여신, 경협, 남북, 자금, 조사, 법규, 전산의 7개 직군을 중심으로 하는 직군제도를 바탕으로 직원의 전문성을 강화하고 있다.

● 지원제도

다른 회사와 마찬가지로 자녀 학자금, 주택 자금, 의료비, 생활안정자금 등을 지원해주면서 직원들의 복지에 신경을 많이 쓰고 있다.

한국마사회

❖ 인재상

창조적 서비스인: 레저, 서비스업을 선도하는 서비스 정신으로 무장해 고객에게 창조적이면서 적극적인 서비스를 실천하고 내부 구성원 간 협력과 지원을 아끼지 않는 성숙한 인재.

글로벌 전문인: 말 산업 선도를 위해 글로벌 차원에서 비즈니스 기회를 창출하고자 노력하며 선진 마(馬) 문화 창출을 위해 창의적으로 사고할 수 있는 인재.

도전하는 성취인: 스스로 도전 목표를 설정하고 성취를 하고자 끊임없이 자신을 단련해 현재에 안주하지 않는 인재.

❖ **채용절차**

서류 전형 ⋯▸ 필기(실기)시험 ⋯▸ 인·적성검사 ⋯▸ 면접 전형

❖ **인사부장의 조언**

사무직과 기술직으로 나눠 채용하고 있다. 채용과정은 총 4단계 전형으로 진행되다.

서류 전형에서는 지원자의 인적사항과 기본 학력사항을 바탕으로 필기시험 대상자를 선발한다.

필기시험은 영어, 상식, 전공으로 나눠 실시한다. 영어는 100점 만점이며 토익, 토플, 텝스의 성적으로 대체할 수 있다. 상식은 일반상식 관련 50문항이 출제된다(100점 만점). 마지막인 전공시험은 분야별로 다르게 출제된다. 일반 행정 지원자의 경우 행정학 전반, 법무 분야는 법학 전반, 재경(財經)은 경제·경영·회계학 중 하나를 택하고, 축산은 축산학 등 전공과목 전반에 걸쳐 문제가 출제된다. 총 40문항으로 구성되며, 배점은 120점이다.

필기시험 합격자들은 인·적성검사와 면접을 진행한다. 인·적성검사는 인성과 적성 및 직무능력 등을 종합적으로 평가하는 단계이며, 면접은 1, 2차에 걸쳐 2회 진행한다.

1차는 주로 실무진면접, 2차는 임원면접으로 진행되며 지원자의 인성을 중심으로 평가한다.

사무직과 기술직 모두 지원 분야에 따라 우대하는 조건이 상이

하며, 변호사 등 각종 전문자격 소지자는 물론 IT 자격증 소지자도 우대받는다. 일부 지원 분야는 지방 근무 가능자를 선발하는 경우도 있으니 참고하기 바란다.

❖ 인사부장이 말하는 직원에 대한 회사의 투자

- 임금체계

3급 이하는 능력급제(기초급＋제수당＋성과급＋상여금), 2급 이상은 연봉제(기본 연봉＋업적 연봉＋연봉 외 수당)로 이뤄졌다.

- 지원제도

사택 지원 등으로 주거생활을 지원해주고 새마을금고 운영으로 직원들이 경제적 여유를 갖게 해주고 있다. 또한 재해보상 관련해서 추가로 가입했다. 지정병원을 운영해 직원들의 건강을 적극적으로 관리하고 있다.

금융감독원

❖ 인재상

금융감독업무에 대한 자긍심을 가진 금융전문가이자 세계 속의 초일류 금융시장을 만들어 나갈 인재, 전략적 사고와 의사소통 능력을 갖추고 일에 대한 열정과 협동심을 갖춘 인재, 개방성과 문제해결력을 갖춘 진취적인 인재, 솔선하고 헌신하는 자세를 갖춘 인재, 공정하고 청렴한 자세를 갖춘 윤리의식을 갖고 있는 인재를 원한다.

❖ 채용절차

서류 전형 ⋯ 필기 전형 ⋯ 1차 면접(실무진면접, 인성검사 포함) ⋯ 2차 면접(임원면접) ⋯ 신체검사 및 신원조사

다음 해 1월 채용을 목표로 매년 하반기 정기 전형을 실시한다. 구체적인 채용 인원을 제시하는 것이 특징이다.

서류 전형에서는 우수 인력의 조기탈락 방지와 좀 더 많은 응시자들에게 필기 전형의 기회를 부여하기 위해 채용예정인원의 50배수 내외에서 합격자를 결정한다. 자기소개서를 포함한 다양한 요소들을 종합적으로 고려하며 학교성적 우수자, 영어성적 우수자, 자격증 보유자, 본원이 주최하는 금융논문대회 입상자 등을 우대한다.

필기 전형에서는 채용예정인원의 2배수 내외에서 합격사를 선발한다. 선택과목과 논술로 나뉘어 실시된다. 선택과목은 원칙적으로 지원 분야에 해당하는 4년제 대학 해당 전공 과정에서 배우는 모든 과목이며, 본원 업무와 관련되거나 금융과 관련된 시사문제 등도 출제된다. 객관식(30% 내외)과 주관식(70% 내외)으로 구분하고 주관식은 약술형, 서술형, 논술형 문제로 출제한다. 논술에는 응시자들의 논리적 사고능력을 검증하기 위해 전공과 관련이 없는 사회 일반적인 주제가 출제된다. 2가지 논제 중 하나를 선택해 자유롭게 기술하는 방식으로 출제한다. 채용분야별로 응시과목 점수의 총합을 기준으로 상대평가 방식으로 이뤄지며 각 과목별 과락은 40점 미만이다.

면접 전형은 총 2단계로 이루어진다. 1차 면접은 실무진면접으로 팀장 이하 실무진이 면접위원으로 참석하며, 지원자의 역량을 다양한 방식으로 평가한다. 2차 면접은 임원면접이며, 개별면접 방식으로 응시자의 인성 및 가치관 등을 종합해 평가한다. 1차 면접에서는 채용예정인원의 1.5배수 내외, 2차 면접에서는 채용예정인원 범위 내에서 합격자를 선발한다.

❖ 인사부장이 말하는 직원에 대한 회사의 투자

● 인사제도

적재적소배치 원칙에 따라 개인역량 및 경력계발경로 등을 종합적으로 고려해 부서를 배치한다. 연 2회에 걸쳐 상향, 하향, 수평 평가를 포함한 다면평가방식으로 근무성적을 평가하며 평가결과는 승급, 승진, 연수, 평가급 산정 등에 반영한다.

● 지원제도

미혼 직원 등을 위한 본원 합숙소(서울 통의동)를 운영하고 있으며 유아교육보조비, 중고생 자녀 학자금 지원, 장의지원 제도 및 대학생 자녀 장학회 등을 운영하고 있다.

❖ 인재상

모든 직원이 여행전문가가 되는 것을 지향하며, 창의와 도전정신이 살아 숨 쉬는 스스로의 비전을 창조하는 인재를 원한다.

❖ 채용절차

서류 전형 ···→ 실무면접과 외국어면접 ···→ 최고경영자면접

❖ 인사부장의 조언

채용은 상반기와 하반기, 두 차례에 걸쳐 진행된다. 학력과 전공에 제한이 없으며 해외여행 결격 사유가 없는 자에 한한다. 가장 많이 채용하는 직군은 영업직이다. 영업에 대한 꿈과 비전을

갖고 적극적이며 진취적인 성격의 소유자를 필요로 하고 있다. 중국과 일본 특수지역 등을 대상으로 나라별 지역전문가도 채용하고 있다.

서류 전형에 합격한 사람들에게 실무면접(프레젠테이션)과 외국어면접을 실시한다. 글로벌 여행사인 만큼 영어회화를 잘할수록 우대받는다.

마지막 관문은 최고경영자면접이다. 임원면접인 만큼 지원자의 인성과 직업관 등에 대한 차별화된 심층적인 면접이 진행된다.

하나투어에서는 적극적인 성격의 소유자를 원하고 각종 대회 수상 경력자 및 영어 능통자에 대한 우대 사항이 있으니 적극 활용하기 바란다. 특히 영업 등 분야에서는 관광통역가이드 소지자를 우대하는 만큼 여행업종에 관심이 많은 지원자라면 자격증 취득에 도전해보기 바란다.

❖ 인사부장이 말하는 직원에 대한 회사의 투자

● 인사제도

차등 연봉제: 개개인의 업무 실적 평가와 능력주의 인사를 바탕으로 2001년부터 전 직원 연봉제를 실시하고 있다. 과거 호봉제가 가지는 일률적 급여 배분에서 탈피해 구성원 개개인이 본인의 노력에 따른 대가를 기대할 수 있으며, 회사도 조직 구성원이 열심히 일할 수 있는 동기부여를 기대할 수 있는 제도다.

잡 쉐어링제도: 인적자원의 효율적 관리와 고용 안정을 위해 잡 쉐어링(Job Sharing: 일자리 나누기)제도를 도입했다. 이는 직원의 정년고용을 보장하는 대신 주중 근무일수를 줄이고 그에 따라 급여를 줄여가는 제도다. 잡 쉐어링제도를 도입한 이후 정년을 기존의 55세에서 65세로 연장했다.

직무순환제도: 직무순환제도(Job Rotation)를 통해 회사는 외부 환경에 대처할 수 있는 유연성을 높이며, 직원은 직무영역을 넓히고 다방면의 경험과 지식 등을 쌓아 하나투어의 인재상인 여행전문가가 될 수 있는 인재양성제도다. 정기 인사이동과 함께 수시로 시내공모를 통해 이뤄지고 있다.

성과급제도: 직원의 사기진작을 위해 회사의 수익을 직원에게 바로 분배하는 성과급제도를 운영하고 있다. 연간 회사의 수익이 10이라면 성과급은 최저 2 정도의 비율이 된다. 성과급은 매 분기별 성과급과 연말 성과급 등이 있다.

● **지원제도**

전 직원에게 1년에 3~4번 해외 출장 기회를 부여하고, 입사 2년 이하의 직원들에게는 휴가 대신 해외여행을 할 수 있는 기회를 제공한다.

직원들에게 자녀 학자금, 직무 및 직책별 교육, 학원 교육 등과 연관된 교육비, 체력 단련비 등을 지급하고 있다. 스키, 농구, 야구, 등산 등 각종 동호회를 적극적으로 권장하고 지원해줘 직원들

의 삶의 질을 높이고 사우애를 증진해 신나는 일터로 만들기 위해
노력하고 있다.

모두투어

❖ 인재상

책임 있는 모두인: 직원으로서 자신의 역할과 책임을 충분히 인식하고 최선을 다해 업무를 수행하며, 책임 회피와 전가를 하지 않고 끝까지 목표를 완수하는 여행 전문가의 자질을 함양하는 인재.

친화적인 모두인: 상호존중을 바탕으로 동료 및 고객과 협력기반을 형성하고, 협조 및 정보공유를 통해 조직의 업무를 원활히 수행하는 인재.

회사를 사랑하는 모두인: 회사의 소속감에 대한 자부심과 충성도가 높아 업무에 몰입하며 주인의식을 갖고 행동하는 인재.

유연한 사고의 모두인: 과거의 생각과 방식을 고수하지 않고 새로운 의견과 접근방법에 대해 개방적인 태도를 갖고 도전과 변화에 유연하게 대처하는 인재.

❖ 채용절차

서류 전형 ⋯▶ 팀장면접 ⋯▶ 임원면접

❖ 인사부장의 조언

모두투어의 공개 채용은 매년 3월에 회사 상황과 일정에 맞춰 실시하고 있다. 더불어 연중 수시채용을 진행하며 당사 홈페이지, 각종 취업사이트 등의 매체를 통해 공지해 실시한다.

응시자격은 전 부서가 성별에 상관없이 지원 가능하다. 하지만 영업부의 경우 남자 직원을 채용하는 비중이 높다.

서류 전형에서는 응시자의 능력, 자질, 자격, 희망부서, 지역, 연봉, 전공, 학점, 어학 및 컴퓨터 능력, 자격증 유무, 자기 소개서에 기재된 회사에 임하는 마음가짐, 자세, 동기 등을 종합적으로 고려한다. 특히 자기소개서는 면접 자료로도 활용되니 성실하고 정확하게 작성해야 한다.

팀장면접은 4~5인으로 구성된 팀장이 참여하며 응시자 단체 면접 형식이다. 직무 및 전공지식, 문제해결 능력, 어학능력 등에 대해 평가한다.

임원면접은 4~6인으로 구성된 임원이 참여하며 응시자 단체 면접 형식으로 진행된다. 회사에 임하는 자세나 동기, 패기, 창의력 등을 종합적으로 평가하며 어학능력 테스트가 면접 중간에 실시된다.

모두투어에서는 세계 각국을 누비는 여행객들의 편의를 위해 서비스하고 있는 만큼 도전과 열정, 패기를 갖고 일할 수 있는 사람을 원한다.

다시 한 번 말하지만 자기소개서를 꼼꼼히 작성해야 한다. 자기소개서는 면접 전형에 사용될 뿐만 아니라 면접관의 질문이나 향후 업무 배치에도 적극 활용되기 때문이다.

❖ 인사부장이 말하는 직원에 대한 회사의 투자

● 인사제도

개인의 적성, 전공, 능력을 적극 반영해 부서배치를 하고, 이후부터는 인적자원프로그램에 의한 개인별 특성을 고려한 인사 발령을 시행한다. 신입사원들은 입사 후 1년 이내 스터디 투어(Study Tour)를 회사에서 지원받는다. 또한 전 직원이 원하는 지역으로 출장을 신청할 수 있으며, 각종 팸 투어(FAM Tour : 여행사나 여행작가 등에게 목적지의 새로운 상품이나 관광업체의 서비스를 홍보하기 위해 할인된 가격 또는 무료로 제공하는 여행이나 관광)와 조사활동(Inspection) 등의 다양한 해외교육 기회가 주어진다.

직원의 역량을 중시한다. 급변하는 여행시장에서 자격 있는 여행회사의 전문가로서 역량 강화를 위해 연간 교육이수학점제를 실시하고 있으며 MBA, 리더십, 어학, 컴퓨터 등의 다양한 교육을 제공한다. 이는 업무현장에서 발생하는 다양한 상황에서 문제해결 능력을 향상시키며 지식사회에서 경쟁력을 키우고 선도하는 기업이 되기 위해, 전 직원이 학습을 통한 성장이라는 마인드를 함양하고 당사만의 노하우를 축적해 더욱 견실하고 도전하는 기업으로 나아가고자 하기 위해서다.

- 지원제도

창업 때부터 우리사주제도를 도입해왔으며, 2009년 현재 전 직원 중 754명의 임·직원이 우리사주를 갖고 있다. 학자금, 통신비, 체력단련비, 학습지원비 등 다양한 자기계발을 위한 지원이 이뤄지고 있으며 회사에서 동호회 활동비를 지원하는데 축구, 야구, 볼링, 스노보드 등 20여 개 이상의 동아리가 활동 중이다.

신세계

❖ 인재상

정직함과 성실함을 기본으로 상하좌우에 대한 예의범절을 갖춘 도덕인, 긍정적이고 적극적인 사고를 바탕으로 자신의 역할을 명확히 인식하며 신속하고 꾸준한 행동력을 갖춘 실천인, 변화를 인지하고 대응하며 조직을 이끌 수 있도록 지속적인 자기계발을 통해 자신만의 경쟁력을 갖춘 전문인을 원하고 있다.

❖ 채용절차

서류 전형 ⋯ 인턴선발면접 ⋯ 인턴십 ⋯ 면접 전형 ⋯ 건강검진 신세계는 인턴 수료자 위주로 신입사원을 채용하고 있다. 인턴 선발은 연중 2회(상반기 하계인턴, 하반기 동계인턴)로 실시된다.

서류 전형 후 인턴선발면접을 진행하는데, 심층면접과 PT(프레젠테이션)면접, 인물면접으로 진행된다.

심층면접은 당사에 대한 지원자의 관심 및 논리적 사고를 판단하기 위한 면접이다. 개인별 면접으로 진행되며 단계적인 질문을 통해 지원자 본인의 의견을 제시하고 그 이유에 대한 타당성을 정확히 표현해야 한다.

PT면접은 전문성이 있는 주제에 대해 지원자의 생각을 개진하는 과정을 보면서 지원자의 커뮤니케이션 능력, 전문지식, 기획력, 논리성 등을 확인하는 전형이다. 한국어로도 진행되지만 PT 내용을 요약해서 영어로도 발표해야 한다.

인물면접은 인턴십에 참여할 인원을 최종 선발하는 과정으로 개인의 성품, 회사와의 적합도를 판단한다.

인턴선발면접에서 통과해 인턴사원이 되면 방학 기간 중에 7주간의 출퇴근 실습과 개강 후 3개월간 월 단위로 과제수행을 하는 인턴십 프로그램을 통해 체계적인 도전기회를 부여받고 예비 신세계인(人) 자세의 비전을 공감하게 된다.

인턴십 프로그램은 시장경제, 유통업, 신세계 경영에 대한 교육을 통해 올바른 기업관과 유통업의 이해를 확립하는 것부터 시작하는데, 특히 7주차의 현장실습은 인턴십 기간 중 가장 중요한 시기다. 본사 직무체험과 과제수행, 점포현장 실습을 통해 신세계 현장 업무 체험을 하게 된다. 마지막으로 팔로우업(Follow Up)을 실시해 학기 중 월 1회씩 지원자의 직업관과 현실 업무 간 차이(Gap) 해소, 신세계 가치의 재공감, 사회인으로서의 마인드 형성을 위한 교육을 실시한다.

이러한 과정을 통해 신세계에 적합한 우수 인력을 발굴하게 된다. 인턴십 수료자 중에 면접 전형 실습소정의 절차를 거쳐 입사 여부를 결정한다. 이 때문에 인턴십 기간 동안 입사를 위한 열정과 성실함을 보여수는 것이 중요하다.

❖ 인사부장이 말하는 직원에 대한 회사의 투자

● 인사제도

직무분야별 전문가 및 글로벌 인재의 양성을 위해 회사에서 물신양면으로 지원하고 있다. 성과 중심의 평가와 보상 및 경영성과에 따른 탄력적 보상, 오픈형 평가제도로 공정성과 투명성 제고, 직원들의 사기 고취 그리고 우수 인력에 대한 발탁 기회를 확대하고 있다. 창의성과 성과 지향의 유연한 조직을 지향하며 현장 중심의 자율경영체제, 책임경영체제를 구축해 직원 개개인의 결정권과 책임감을 부여했다.

● 지원제도

기업의 이익을 직원들에게 환원한다는 취지에서 기업의 순이익 중 일부를 출연하고 운영해 그 수익금을 사원복지사업에 사용하도록 하는 복지기금 제도를 운영하고 있다. 직원들이 주택을 구입하거나 임차할 때 최저금리로 대부를 해준다. 근속년수에 따라 국내는 물론 해외에 유학하는 자녀에게도 유치원부터 대학교까지 임·직원의 자녀학자금, 형제자매 장학금(중·고등학교에 재학 중인 형제자매가 부양가족으로 등재된 경우), 성적우수장학금(전 학기말 성적이 학급 석차 50% 이내) 등으로 구분해 지원하고 있다. 의료비와 경조사비도 지원하고 있고, 건전한 여가 선용과 상호간의 우애를 증진하며 밝고 활기찬 직장을 구현한다는 취지 아래 각종 동호회를 지원하고 있다.

임·직원들이 회사에 대해 소속감과 자부심을 느낄 수 있도록 임·직원 할인제도를 운영하고 있다. 사원증이나 임·직원 신용카드를 통해 신세계백화점, 이마트뿐만 아니라 계열사인 스타벅스, 보노보노, 웨스턴조선호텔, 첼시 등에서 혜택을 받을 수 있다.

또한 업무의 효율성을 제고하고 사원의 휴가생활 편의를 위해 전국의 유명 콘도시설을 저렴한 가격으로 제공하고 있다. 실근속자를 대상으로 장기근속의 경우 10년, 20년, 25년, 30년마다 표창장과 기념품은 물론 휴가 및 휴가비를 지급하는 장기근속 포상제도가 있다.

현대백화점

❖ 인재상

항상 생각하고 행동하며 부지런하고 올바른 성품과 가치관을 가지면서 마음이 따뜻한 인재를 원하고 있다.

❖ 채용절차

서류 전형 … 블라인드 인터뷰 … 집단 토론 … 임원면접 … 교육 배치

❖ 인사부장의 조언

채용은 매년 상반기(5월경), 하반기(10월경)에 공개채용을 통해 실시한다. 대학의 취업정보실을 통한 채용추천으로 이뤄진다. 모

집 분야별로 4년제 대학 기졸업자 및 다음 학기 졸업예정자를 대상으로 한다. 이외에 협력사원(판매직), 아르바이트, 파트타이머 등은 백화점별로 별도 모집이 이뤄진다.

서류 전형에서는 자기 소개서, 교내외 활동사항, 학교성적, 외국어능력 등을 기준으로 심사한다.

서류 전형에서 통과하면 블라인드 인터뷰(Blind Interview)가 진행된다. 전공, 성별 등 조금이라도 객관적 판단에 영향을 미치는 것을 배제하고 능력(자질) 중심의 심사를 하기 위한 의도다.

집단토론은 논리력, 상황대처능력, 적극성에 대한 평가를 실시하기 위한 전형이다. 평소 신문과 뉴스 등을 보며 시사적인 문제에 대한 이해력을 키우고 토론 연습 등을 통해 상황대처능력 등을 미리 연습할 것을 조언한다. 임원면접에서는 품성, 인성, 성장가능성 등을 중심으로 선발을 확정한다. 이 과정에서 인·적성검사 결과와 집단 토론 결과를 참고한다.

백화점의 사업 분야가 서비스업인 만큼 모든 전형에서 올바른 품성과 가치관을 유지하는 모습을 보여주면 유리하다.

❖ 인사부장이 말하는 직원에 대한 회사의 투자

● 임금체계

회사의 경영성과에 입각해 개인의 능력과 업적에 상응하는 임금체계를 도입했고, 회사에 대한 자부심 고취 및 풍요로운 생활영

위를 위해 업계 최고 수준의 임금수준을 유지하고 있다. 기본 구조는 '기본급＋시간외 수당＋가족 수당＋직무 수당＋근속 수당(기타 변동 수당 별도)'이다.

● 인사제도

직급은 6단계(사원→대리→과장→차장→부장대우→부장)로 이뤄져 있는데, 이는 직책(팀장, 파트장 등)과 분리되어 운영됨으로써 보상 및 직책 수행을 위한 자격요건의 성격을 갖고 있다. 신입사원 배치 때부터 교육기간 동안 관찰과 면담으로 개인의 적성 및 희망에 맞게 배치하고 있으며, 배치 후에도 정기적 또는 수시로 전화 배치를 통해 개인의 경력계발을 지원하고 있다. 과거의 인사평가, 승진 소요 연한, 포상, 징계의 획일적인 심사기준을 과감히 탈피하고 인재육성을 목표로 어학능력, 사내 유통대학(원)이수, ES Forum(Employee Satisfaction Forum : 내부고객 서비스 만족 시스템) 위원, Career Supporter(후견인) 활동 등의 각종 사내 경력사항을 심사항목으로 승진여부를 평가하고 있다.

인간존중경영, 참여경영, 투명경영을 위해 계층별 CEO와의 간담회, 직원사기조사(Morale Survey), 자기신고제도, 노사협의회 등을 정기적 또는 수시로 개최해 회사의 정책 및 경영상황을 설명하고 직원들의 건의사항을 청취해 경영에 반영하고 있다.

● 교육제도

미래형 선진교육과 자율적 열린교육을 운영방침으로 경영관리

지식 배양을 위한 경영교육, 직무별 세부지식을 함양하는 전문교육, 장·단기 경영목적상 필요에 의해 실시되는 특별교육 및 선진유통 체험을 위한 해외연수교육, 사회인으로서 필요로 하는 소양교육과 현대유통대학 및 대학원 교육을 통해 서비스업을 선도하는 초일류전문 인재를 양성하고 있다.

국민은행

❖ 인재상

창의적인 사고와 행동으로 변화를 선도하며 고객가치를 향상시키는 프로 금융인의 자세로 고객우선주의, 자율과 책임, 적극적 사고와 행동, 다양한 가치의 존중 등을 실천하는 인재를 원한다.

❖ 채용절차

서류 전형 ···▸ 필기 전형 ···▸ 면접 전형 ···▸ 신체검사

❖ 인사부장의 조언

직무별 인력 수요 등을 고려해 모집 시기를 정한다. 지원 자격은 일반적으로 학력, 연령 및 전공 제한이 없는 열린 채용으로 진

행된다.

　서류 전형에서는 지원서의 내용에 대한 평가를 통해 지원 직무와의 적합성 여부를 심사한다.

　필기 전형에서는 직무능력시험 및 인성검사 등을 통해 직무수행에 필요한 언어능력, 수리능력, 직무적성, 윤리·도덕성 등을 평가한다. 직무능력과 관련해서는 금융 전반에 걸친 지식을 평소에 꾸준하게 습득하는 것이 좋다.

　면접 전형에서는 지원자에게 직무수행에 필요한 역량보유 여부를 질의응답, 집단 토론, 프레젠테이션 등을 진행하며 상세하게 검증한다. 특히 집단 토론 등을 통해 지원자의 사회성을 검증하기도 한다.

　은행 입사를 준비한다면 금융자격증 취득을 권한다. 물론 입사 후에 취득해도 되지만, 가산점을 추가로 얻다는 이점이 있다. 이 외에도 최근 활발하게 진행되고 있는 인턴십 등을 통해 은행의 전반적인 업무를 미리 경험하는 방법도 권한다.

❖ 인사부장이 말하는 직원에 대한 회사의 투자

● 글로벌 인재 육성

인재 육성에 많은 투자를 하고 있다. 전략적 해외 인재를 육성한다는 차원으로 중국, CIS(독립국가연합), 베트남, 인도네시아 등의 지역전문가 양성과정을 지원한다. 지역전문가 양성과정에서 선발된 직원은 국내 교육(2개월)과 현지 교육 및 활동(12개월)을 통해 현지 지역전문가로 성장하게 되며 일체의 경비를 지원한다. 또한 글로벌 비즈니스 수행을 위해 필요한 언어역량을 보유한 직원을 양성하고자 중국어, 러시아어, 베트남어, 인도네시아어 등 어학 코스를 제공하는 KB 글로벌 랭귀지 코스를 운영하고 있다.

● 우수인재 육성

국내외 MBA: 최신 금융기법과 경영분석능력을 갖춘 우수 인재를 양성하기 위해 국내외 MBA 연수과정에 참여하고 있다. 해외 MBA는 소정의 선발절차를 거쳐 미국, 유럽 등 유수의 MBA에서 선신금융기법 습득 등 연수를 받게 하며 연수에 필요한 비용을 지원한다.

KB MBA: 국내 대학과 공동으로 금융에 특화된 자체 MBA 연수과정을 실시하고 있다.

핵심 분야 전문연수: IB, 리스크, 마케팅 등 핵심 분야에 대한 전문가 육성을 위해 금융 관련 전문교육업체에 위탁해서 연수과정을 실시하고 있다.

● 지원제도

직원들의 전문성 강화와 평생 학습 기반 조성을 위해 대학교 및 대학원 학비를 지원하고 있다. CFA(공인재무분석사), FP(금융자산관리사), FRM(재무위험관리사) 등 금융 관련 전문자격증을 취득하면 취득 비용을 지원하고 있다. 또한 직원들의 외국어 및 IT 활용

능력 향상을 위해 외국어, IT 관련 학원비 및 평가비를 지원하고
있으며 독서학습을 통한 마케팅 및 리더십 등 다방면의 역량강화
및 소양함양을 위해 독서통신연수를 지원하고 있다.

우리은행

❖ 인재상

고객 행복·미래 도전·정직 신뢰·인재 제일 등을 추구하면서 체계적이고 공정한 인사원칙과 제도를 바탕으로 업계 최고의 금융전문가가 되는 인재를 원하고 있다.

❖ 채용절차

서류 전형 ⋯ 1차 면접과 인·적성검사 ⋯ 2차 면접(실무자면접) ⋯ 3차 면접(임원면접)

❖ 인사부장의 조언

직무 특성과 지원자의 역량에 기초한 실력 위주의 인재 선발을 원칙으로 하고 있다. 학력, 연령 등 자격요건을 폐지해 공평한 채용지원 기회를 부여하고 있다. 채용시기는 상반기(4~6월), 하반기(9~12월) 2차례 실시한다.

서류 전형에서는 지원서를 바탕으로 우리은행의 인재상과 부합하는지를 평가한다. 서류 전형을 통과하면 1차 면접과 인·적성검사를 실시한다. 인·적성검사는 직무수행에 필요한 언어, 수리능력 및 직무적성에 대한 검사가 이뤄진다.

2차 면접인 실무자면접은 해당 직군의 필요역량 파악에 중점을 둔 심층다면 평가 형식으로 진행되며, 해당 분야 실무자들이 직접 참가한다. 지원자가 갖고 있는 금융지식과 전공 지식에 대한 심층적인 평가가 이뤄지는 만큼 철저하게 준비해야 한다. 3차 면접은 임원면접으로 지원자의 인성을 중점적으로 평가한다.

우리은행은 금융 관련 자격증, 한국사·국어·한자능력 관련 자격증 소지자를 우대한다. 특히 한국사·국어·한자능력의 경우 많은 지원자들이 자격증 취득으로 가산점을 받는 만큼 자격증 취득을 권한다.

❖ 인사부장이 말하는 직원에 대한 회사의 투자

● 임금체계

임금은 기본 연봉 및 성과급으로 구성되어 있다. 하지만 직무별 특성 및 역량체계에 의거해 년 2회 인적자원평가를 실시한 후 성과급은 조직 및 개인 평가 결과에 따라 차등 지급한다.

● 인사제도

CDP(Career Development Path: 경력개발경로)로 분야별 최고 전문가 양성을 위해 직군 중심의 채용을 실시하고 있으며, 직렬 및 직무 배치는 경력 경로 기준으로 하고 있다. 휴직 및 휴가는 인병휴직(2년 이내), 육아휴직(출산휴가 포함해서 2년 이내), 자비 국외유학 관련 휴직(3년 이내), 기타 일신상의 사유에 의한 휴직(6개월 이내) 등으로 세분화해 진행하고 있다.

외국어 연수, 경영관리 특강뿐만 아니라 해외 MBA 과정(미국, 영국, 중국 등) 또는 국내 경영전문대학원 MBA 과정(서울대, 연세대, 고려대, 성균관대, 카이스트, KDI 등)에 파견 연수를 진행하고 있다. 전문역량 연수의 차원에서 27개 직문전문가 및 28개 직무역량별 3단계(Associate · Professional · Master Level) 연수, 은행 내외 집합 및 사이버 연수(400여 개 프로그램 제공), 국내외 전문교육기관(한국금융연수원 등)에 파견 연수(단기집중과정 등)를 진행하고 있다.

● 지원제도

임·직원 대출제도를 시행해 주택 구입 및 전세자금 대출 관련 지원뿐만 아니라 경조사비, 자녀학자금 등 지원을 다양하게 하고 있다.

CPA(공인회계사), AICPA(미국공인회계사), CFA(공인재무분석사), FRM(재무위험관리사), CRA(신용위험분석사), CFP(국제재무

설계사) 등 30여 개의 전문 자격증 취득을 유도하기 위해 해당 자격증 취득 관련 연수(열린 강좌 상설 운영, 은행 내 집합 연수, 전문연수기관 파견 등) 실시 및 비용(학원비, 교재비, 응시료, 등록비 등)을 지원하고 있다.

신한은행

❖ 인재상

정직과 신뢰를 실천해 고객에게 믿음을 주는 '믿음직한 파트너', 오너십을 실천하고 전문성을 갖춘 '최고의 금융지식인', 이해와 존중을 바탕으로 협력해 높은 성과를 창출하는 '시너지 창조인', 창의와 열정으로 미래를 개척하는 '열정적 혁신가'인 인재를 원한다.

❖ 채용절차

서류 전형 ···▸ 1차 면접과 인 · 적성검사 ···▸ 2차 면접 ···▸ 신체검사

❖ 인사부장의 조언

신한은행의 자기소개서 항목은 지원동기와 입사 후 포부 등의

기본 인적 사항, 본인이 속한 단체에서 의견 대립이나 의사소통이 힘들었던 상황을 묻는 질문 등으로 다양하게 구성되어 있다.

1차 면접과 인·적성검사는 같은 날 실시한다. 먼저 인·적성검사를 실시한 뒤에 면접을 본다. 면접관 2명과 지원자 10명이 동시에 참여하며, 지원자는 간단한 자기소개와 신한은행에 채용되어야 하는 이유 등에 대한 질문을 받는다.

합격하면 그 다음 과정인 임원면접을 보는데 압박 면접으로 진행된다. 임원 6명이 면접관으로 참석하며, 5~6명의 지원자가 한 명당 5~10분 집중적인 질문공세를 받는다. 이외에 조별로 진행되는 롤 플레잉과 토론 면접 등을 통해 전공지식은 물론 상황대처 능력 등 지원자를 다방면으로 평가한다.

신한은행은 잘 짜인 조직력을 중시한다. 토론과 참여를 중시하지만 예의도 필수라고 여긴다. 독자적인 예술가 타입보다 오케스트라의 화음처럼 조직 내에서 소통하는 사람을 찾는다. 특히 자신이 신한은행의 핵심가치를 잘 실천할 수 있는 인재라는 점과 본인의 경험을 많이 언급한 자기소개서를 선호하고 있다.

❖ 인사부장이 말하는 직원에 대한 회사의 투자

● 인사제도

조직 비전 달성을 위해 임·직원에게 꿈과 비전을 줄 수 있는 1등 인재를 육성하고자 한다.

젊은 인재의 직무역량 강화를 위해 직급 필수 과정 및 각종 직무 역량 강화 프로그램을 제공하고 있다. 1인당 교육시간과 교육비가 118시간, 191만 원으로 금융업 분야뿐만 아니라 국내 기업 중에서 최고 수준의 교육투자를 진행하고 있다.

● 지원제도

주거 및 생활안정 지원 차원에서 임차 주택을 대여하고 있다(서울 및 수도권 1억 원, 광역시 8,000만 원, 기타 지역 7,000만 원 상당). 독신 직원에게는 합숙소를 제공하고 있으며 임·직원에게는 생활안전자금 2,000만 원을 지원하고 있다.

사내근로복지기금을 운영하고 있다. 지녀 유치원 보조비로 월 10만 원(취학 전 3년간), 자녀 학자금(등록금 실비의 100%), 의료비의 경우 본인 부담액 10만 원 초과 금액에 대해 연간 600만 원 이내에서 지원하고 있다. 장애인 자녀가 있으면 장애등급에 따라 월 10~20만 원을 6년간 보조하고 있다.

통상 임금의 10.8~11.8%를 복지연금으로 지원하고 있으며 정기건강검진 실시, 직원 단체보험 가입(배우자 포함) 등 다양하게 지원하고 있다. 또한 당기순이익에 따라 일정 부분을 출연 및 자사주를 취득해서 직원에게 배분하는 ESOP(종업원지주제)를 운영하고 있다.

하나은행

❖ 인재상

비전 달성을 위한 전문역량과 리더십을 겸비한 리더를 원한다. 구체적으로는 보전(Integrity)과 자주, 자율과 진취를 바탕으로 행동가치인 성과 리더십, 조직 리더십, 핵심 리더십을 실시하는 리더를 의미한다.

❖ 채용절차

서류 전형 ⋯▸ 필기 전형 ⋯▸ 면접 전형

❖ 인사부장의 조언

신입 일반직원 채용의 경우 가계금융, 기업금융, 여신심사, 리스크관리, 자금운용, 투자개발 등의 업무를 담당할 인재를 채용한다. 서류 전형을 통과하면 필기시험이 기다리고 있다.

필기시험은 담당 분야별로 상이하다. 기본적으로 적성검사와 일반상식 및 논술시험 등으로 구성된다. 일반상식과 논술시험의 경우 단기간에 준비할 수 없는 전형인 만큼 체계적인 준비가 필요하다.

면접 전형은 개별질의면접과 집단 토론, 프레젠테이션 및 롤 플레이(Role Play) 등을 통해 해당 직무 수행 역량과 하나인(人)으로 적합한 인재인지를 평가하는 과정으로 진행된다. 실무면접 대부분은 실무진들이 참관하며, 담당 업무에 대한 역량과 리더십을 중점적으로 평가한다.

하나은행은 리더십을 갖춘 전문성 있는 인재를 원하고 있다. 그러므로 지원서 등에 본인의 리더십 등을 부각시킬 수 있는 경력사항을 만드는 것이 중요하다. 은행원으로서의 기초 역량을 평가하기 위해 다른 은행들과 마찬가지로 필기 전형이 있으니 해당 직무에 대한 전공 지식 등을 사전에 공부하는 것이 중요하다.

❖ 인사부장이 말하는 직원에 대한 회사의 투자

분야별 베스트 뱅커(Best Banker)를 지향하는 금융인 육성을 위해 CDP(Career Development Program : 경력개발프로그램)를 활용해서 분야별 전문 금융인을 육성하는 지원제도를 운영하고 있다.

국내 MBA 과정(6개월~2년), 해외 MBA 과정(1년~2년), 해외 지점 OJT, 중국 어학 연수 등 국내외 연수를 집중적으로 실시하고 있다.

단계별 연수프로그램에 의한 업무 연수 의무화와 연수 이수 포인트제도 운용으로 개인 업무 능력을 계발하고 지원하고 있다. 외국어, 컴퓨터 등 기타 경력계발과 관련된 학원비도 지원하고 있다.

다른 회사에서 진행하는 것처럼 임·직원 대출, 임차 주택 대여, 자녀 학자금 및 의료비 지원 등으로 최상의 복지서비스가 전달되도록 진행하고 있다.

대우증권

❖ 인재상

고객을 최고의 가치로 생각하고 세계 일류 금융인으로서 품위와 소양을 갖추며 창의적 도전을 즐기는 글로벌 최고의 파이낸셜 리더(Financial Leader)를 원한다.

Creative Challenge: 항상 새로운 영역에 도전하고 빠른 환경변화에 능동적으로 대처하며 새로운 도전과 적극적인 혁신을 즐기는 것을 지향한다.

Professionalism: 세계 최고의 역량을 갖추기 위해 노력하며 치열한 경쟁은 성장을 위한 밑거름으로 생각하고, 선배의 혹독한 훈련과 코칭은 글로벌 금융리더로 나아가는 원동력이라 여긴다.

Honor&Pride: 사내외 고객에게 존경받는 글로벌 일류 금융인으로서의 명예와 자부심, 글로벌 경쟁자와 경쟁한다는 마음자세와 그에 맞는 세련된 품위와 소양을 함양해나간다.

Customer Orientation: 고객지향정신은 대우증권인(人)의 최우선 가치로서 고객을 소중한 동반자로 여기고 고객의 만족을 위해 헌신한다.

❖ 채용절차

서류 전형 ⋯▸ 직무 및 인·적성검사 ⋯▸ 면접 전형 ⋯▸ 신체검사

❖ 인사부장의 조언

대우증권은 산업은행에 편입되면서 새로운 도약을 이어가고 있다. 그래서 신규 인재 채용과 발굴을 중요하게 생각한다. 대우증권은 대학을 졸업한 대졸 사원을 1년에 100여 명을 채용한다.

채용 자격은 학력에 대한 자격이 없으며 대졸 신입과 업무직 신입을 구분해 모집하고 있다. 금융 관련 전공 및 배경지식을 꼭 필요로 하지 않는다.

모집 시기는 연간 채용계획에 따라 상시로 진행한다. 채용 공고는 채용 설명회와 취업지원센터 담당자와의 상담 등을 통해 실시한다.

서류 전형을 통과한 지원자에게 직무 및 인·적성검사를 실시한다. 집합 테스트를 원칙으로 하며 채용 사정에 따라 온라인 또는

면접 전형 때 동시에 실시하기도 한다.

이어지는 면접 전형에서는 지원자의 학업성취도, 과거 경험 및 업적, 향후 계획 등 종합적인 부분을 평가하며 향후 대우증권인(人)으로서 적합한 지원자를 찾기 위해 실무자 중심의 면접이 진행된다.

❖ 인사부장이 말하는 직원에 대한 회사의 투자

● 임금체계

개인의 성과와 역량에 대한 공정한 보상을 위해 연봉제를 시행하고 있다. 개인의 능력에 따른 평가로 연봉을 지급해서 자발직인 동기부여를 유도하며 조직의 활성화와 경쟁력을 확보하고 있다. 직원들의 노력에 의한 성과를 배분하고 동기유발과 근로의욕을 고취시키기 위해 급여와는 별도로 개인성과보수 및 조직성과보수 제도를 운영하고 있다. 연공서열에 관계없이 개인성과보수를 지급해 개인의 역량을 최대한 발휘할 수 있도록 하고 있으며, 회사의 경영실적에 따른 초과이익의 일정 부분을 조직성과보수로 지급하고 있다.

● 인사제도

모든 직원은 CDP(Career Development Program)를 통해 자기주도적인 경력계발을 수립하고 장기적으로 성취해나가며, 인사정책은 이를 적극적으로 지원한다. 코칭 및 멘토링으로 혹독한 훈련을 진행해 신입사원들의 조기정착을 유도하며 조직 가치와 전문성을 겸비한 최고의 인재를 육성해나간다.

고객에게 차별화된 서비스를 제공하기 위해 DRA(Daewoo Retail Academy), WM(Wealth Management) 금융컨설팅과정 등의 체계적인 교육 프로그램을 운영하고 있다(리테일〔Retail〕 전문역량개발). 이외에도 운용인력양성과정을 비롯해 주니어전문인력양성과정, 채권전문인력양성과정, 파생상품전문인력양성과정 등 다양한 부문의 전문화 교육과정을 운영해 글로벌 IB(Investment Bank)를 위한 전문 인력을 양성하고 있으며, 국내외 MBA 과정을 운영해서 국제적 경쟁력과 글로벌 마인드를 갖춘 글로벌 인재를 양성하고 있다.

● 지원제도

임·직원의 안정적인 주거환경을 위해 주택 구입 자금, 주택 전세 자금 및 비연고지 근무 직원을 위한 임지수당 등을, 자녀에 대한 안정적인 교육환경을 위해 유치원부터 대학교까지 학자금을 지원하고 있다. 경조사 발생 시 각종 경조금 및 장의 소모품을, 집이 수혜나 화재 등 재해를 입으면 경제적 안정을 위한 재해부조금을 지원한다.

❖ 인재상

모든 사고와 행동의 기준을 고객에 두고 전문성을 바탕으로 자신의 이익보다는 고객의 이익을 소중히 여기며 고객을 우선으로 생각하는 인재, 무에서 유를 만들어 내는 지혜를 갖고 새로운 시각으로 문제를 바라보며 이를 현장에 적용할 수 있는 창조적 지식인, 타협하지 않는 정직함과 건전한 사고를 바탕으로 고객과 회사에 믿음을 주는 윤리의식을 갖고 있는 인재, 유연한 사고를 바탕으로 상황에 대한 정확한 인식과 환경의 변화에 민첩하게 대응해 위험을 적극적으로 관리할 줄 아는 리스크 관리형 인재를 선호한다.

❖ **채용절차**

서류 전형 ⋯▶ 인성면접 ⋯▶ 종합면접 ⋯▶ 건강검진 ⋯▶ 임원면접

❖ **인사부장의 조언**

변함없는 열정으로 끊임없는 혁신을 추구하며 세계 자본시장을 선도할 인재를 모집하고 있다. 특히 인재확보 채널을 다양화해서 우수 인재 확보를 위한 조직적인 채용관리를 하고 있다. 전 학년 평점 B학점 이상이고, 어학능력 우수자 및 전문자격 소지자를 우대한다.

서류 전형에서는 지원자가 작성한 인적사항과 학력 등을 토대로 인성면접 대상자를 선발한다.

인성면접은 지원자의 인성을 중요하게 생각하는 채용으로 유명한 회사답게 직장생활에서 다른 사람들과 잘 어울릴 수 있는 유연함, 건전한 사고방식을 갖고 있는 인재를 선별하기 위한 전형 과정이다.

특이한 점은 다른 회사들과는 달리 건강검진까지 끝낸 뒤 임원면접을 실시한다는 것이다. 즉, 최종적으로 선발할 수 있는 사람들만 임원면접을 실시해 부득이하게 선발하지 못하는 인원을 최소화한다는 방침이다. 인재에 대한 미래에셋증권의 세심한 배려와 욕심을 볼 수 있는 부분이다.

자산운용과 증권 등의 분야에서 인턴십을 실시하고 있다. 모집

부분은 신입사원 채용과 마찬가지로 거의 전 부문에서 이뤄진다. 지원 자격은 4년제 정규대학 졸업 예정자를 대상으로 하며 서류 전형과 면접을 거친 뒤 선발한다. 신입사원에 지원하기 전에 인턴사원을 거치면 회사에 대한 이해도가 빠를 뿐 아니라 업무에 대한 적성 평가도 쉽게 판단할 수 있기 때문에 인턴십 지원을 적극적으로 추천한다.

❖ 인사부장이 말하는 직원에 대한 회사의 투자

● 인사제도

우수 인재를 확보하기 위해 인재확보 채널을 다양화하고 직군, 직무, 지역별 채용을 활성화하는 동시에 수시 채용을 중점적으로 진행하면서 채용관리를 조직적으로 하고 있다.

이동 및 배치 관련 사내 선발 시스템을 구축했고, 정기적인 전환배치를 통해 근무의욕 고취를 유도하는 효율적인 인력 운용을 진행하고 있다. 또한 성과주의 정착 및 성과평가와 연계된 연봉체계를 구축해 직원 업적평가에 따른 임금체계를 갖고 있다.

● 지원제도

직원들의 주거 생활 안정을 도모하고 무주택 직원의 내 집 마련 및 주택 임차를 도와주기 위해 주택 및 주택임차보증금의 일부를 대여하는 주택 관련 대출 제도를 운영하고 있다. 본인 및 배우자, 건강보험에 등재된 직계비속에게 질병 또는 재해로 인해 그 치료를 목적으로 입원하는 경우 입원 의료비를 지원하고 있다. 이외에 정기적인 건강검진, 자녀 학자금 전액 지원, 경조사 및 기념일 관련 지원 등이 있다.

true *f*riend 한국투자증권

❖ 인재상

모든 일에 열과 성의를 다하는 열정적인 인재, 새로운 것에 과감히 도전하는 도전정신을 갖고 있는 인재, 직무에 대한 전문지식 및 기술을 보유하고 있는 전문역량 인재, 열정을 통해 새로운 가치를 창출하는 변화주도형 인재를 원하고 있다.

❖ 채용절차

서류 전형 ⋯ 심층 평가 ⋯ 면접 전형 ⋯ 신체검사

❖ 인사부장의 조언

채용 절차는 크게 서류 전형과 심층 평가, 면접 전형으로 나눠 진행된다.

　서류 전형을 통과한 지원자들은 심층 평가를 받는다. 심층 평가는 지원자의 인성과 적성 파악 및 문제해결능력, 논리력, 협동심 등을 점검하는 종합평가로 실시된다. 이 과정에서 조직원들과 어울릴 수 있는 사회성과 고객 중심의 영업을 할 수 있는 서비스 마인드 등을 평가한다.

　면접 전형은 1차와 2차로 진행된다. 두 과정 모두 임원면접으로 진행되며 주로 품성, 태도, 준비성을 평가한다.

　한국투자증권에서는 인턴십 수료자를 대상으로 신입 공채의 최종 면접 자격을 부여한다. 방학 동안 6주간의 실습으로 한순간에 최종 면접을 볼 수 있는 자격을 얻는 것이다. 인턴십은 여름 방학 기간에 실시하며 본사 영업과 리서치, 지점 영업 등의 분야에서 모집한다. 전공 제한이 없으며 4년제 정규대학 졸업 예정자라면 누구나 지원 가능하다. 이처럼 인턴십을 통한 채용이 확대되고 있는 분위기를 감안해 한국투자증권 입사를 원하는 구직자라면 방학을 이용한 인턴십을 활용해볼 만하다.

❖ 인사부장이 말하는 직원에 대한 회사의 투자

● 임금체계

고(高)연동형 보상제도, 전략적 평가방식에 의한 공정한 평가, 능력지향형 승진체계, 직군체제에 의한 전문가 육성, 적성을 고려한 배치, 고충상담제도 운영 등 다양한 제도로 직원들의 임금체계 및 업무지원을 진행하고 있다. 업계 최고 수준의 임금을 지급하고 있으며, 일부 직무는 능력에 따른 연봉제를 시행하고 있다. 직무에 따라 개인별, 부서별, 전사적 성과급 제도를 운영하고 있다.

● 지원제도

본인 및 가족에 대한 의료비 지원, 각종 경조사 때 경조금 및 휴가지원, 주택 및 생활안정자금 대출지원, 자기계발비 지원(연간 240만 원 한도), 본인 및 배우자 건강검진 실시, 동호회 활동 적극 지원, 단체 상해보험 가입, 자녀학자금 지원 등 직원에 대한 복리후생지원을 다양하게 진행하고 있다.

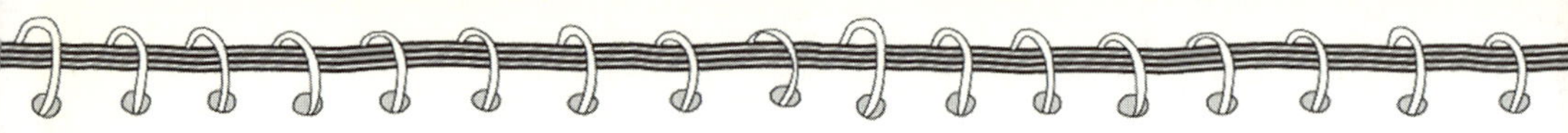

취업준비생에게 꼭 필요한 10계명

지금까지 만난 회사의 인사부장들에게 취업을 준비하는 학생들에게 꼭 하고 싶은 말이 무엇인지 물어본 결과를 정리했다. 취업준비생이라면 기본적으로 알고 있어야 하는 내용들이니 지금부터 말할 10계명은 합격하는 날까지 잊지 않고 기억하길 바란다.

1. 지원회사의 특성에 맞는 이력서를 작성하라.

지원하려는 회사에 대해 조사를 철저히 해서 그에 맞는 이력서를 작성해야 한다. 해당 회사의 인재상과 핵심역량 등을 파악해 회사가 원하는 인재로 이력서, 자기소개서를 포장하는 것이 중요하다.

2. 채용 직무에 자신이 적합한 인재라고 강조해라.

채용 직무와 관련된 자격증, 팀 프로젝트 등을 상세하게 기입해 지원자 자신이 채용 직무 분야에 가장 적합한 인재라고 강조해야 한다. 그러므로 남들과는 다른 본인만의 차별화된 특징을 만들어야 한다.

3. 자기소개서 준비는 미리 준비하라.

채용 공고가 뜰 때 이력서, 자기소개서를 준비하지 말고 지금부터 미리 준비하면서 계속 다듬어라. 자신의 장점이 최대한 드러나는 사례를 구체적으로 들어 작성하면 효과적이다.

4. 글로벌 마인드로 무장하고 어학능력을 키워라.

최근 회사들의 트렌드는 글로벌 마인드다. 그런 만큼 지원자의 글로벌 마인드와 어학능력을 중시하고 있다. 제2외국어에 능통한 지원자를 찾는 회사도 늘고 있다.

5. 조직 중심의 사고를 가졌음을 강조하라.

아무리 뛰어난 능력이 있다 해도 기업문화와 기업의 경영철학에 맞지 않는다면 채용하지 않는다. 동료들(이미 입사한 회사 선배 포함)과 함께 일할 수 있는 조직 중심의 사고를 하고 있으며, 조직생활에 어울리는 인재라는 점을 부각시켜라.

6. 해외시장에도 길이 있다.

이공계 인력의 경우 세계적으로 IT 분야 관련 전문 인력의 채용 수요가 많으니 현지 적응력이 빠르고 뛰어난 어학 능력을 갖추고 있다면 해외시장에서 취업의 기회를 찾아도 좋다.

7. 인턴십 기회를 적극 활용하라.

인턴십은 이제 채용에서 하나의 트렌드가 되었다. 재학 기간에 인턴십에 참여할 기회를 잡도록 노력하고 졸업 뒤에도 원하는 회사나 직종의 인턴십 기회가 있으면 적극 참여하라. 인턴십의 인기가 높으니 공채에 응모하는 것처럼 노력해야 한다는 사실을 잊지 말라.

8. 채용 일정은 자주 확인하라.

채용 일정의 확인은 가장 기본이다. 수시채용이 활발해지고 있으니 관심이 있는 회사의 채용 정보를 꾸준히 확인해라. 또한 학교의 취업 정보실이나 취업전문 사이트를 자주 방문하라.

9. 신문·뉴스와 친해져라.

채용 과정에서 지원자들이 가장 어려워하는 전형이 바로 면접이다. 면접에서 좋은 점수를 얻기 위해서는 전공 지식뿐만 아니라 세상에서 벌어지는 이슈나 정보, 상식까지 알고 있어야 한다. 이를 위해서는 평소 신문과 뉴스를 보면서 사회 전반에 걸친 정보를 습득해야 한다. 신문과 뉴스는 가장 손쉽게 준비하는 면접 교과서라고 할 수 있다.

10. 포기하지 말라.

채용 시장에서 지원자들은 실패를 수없이 겪는다. 그 실패가 쌓이면

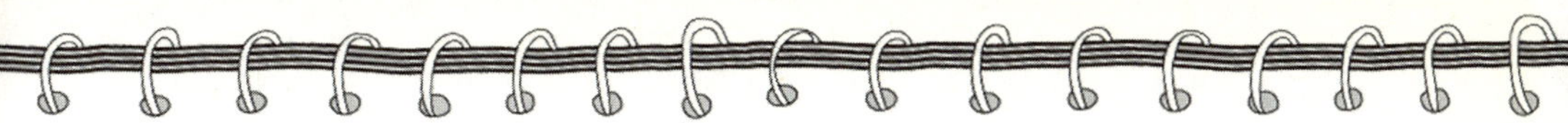

자신에 대한 실망은 물론 자신감도 잃는 게 사실이다. 하지만 갈수록 힘든 취업의 과정에서는 자기만 그런 게 아니라는 걸 깨달아야 한다. "꿈꾸는 자는 멈추지 않는다"라는 말처럼 자신이 원하는 직업을 향한 꿈을 포기하지 말고 계속 노력해야 한다. 여기서 멈추면 자신의 이름이 인쇄된 명함을 돌릴 기회가 사라진다.

면접관은
이런 질문을 한다

JOB

채용절차의 큰 변화는 지금까지 중요하게 여겼던 서류 전형보다 면접 전형의 비중이 늘어나고 있다는 것이다. 이력서의 글보다 실제로 보면서 좀 더 다각적으로 지원자를 분석하겠다는 의도이다. 인사부장들도 면접 준비에 더욱 신경 쓸 것을 주문하고 있다.
지원자들이 면접에서 제일 걱정하는 것은 무엇일까? 바로 면접관의 질문이다. 어떤 질문이 나오고 어떻게 답해야 하는지 가늠할 수 없기 때문이다.
이번 장에서는 면접관의 질문을 걱정하는 취업준비생들에게 도움을 주기 위해 면접관들이 많이 하는 질문의 유형과 답안의 방향을 정리했다. 면접을 준비할 때 큰 힘이 될 것이다.

● 면접은 인상이 중요하다. 항상 미소를 유지하라.

● 질문을 들을 때는 경청하는 태도를, 답변할 때는 침착한 태도
를 가져라.

● 자존심을 세우기보다는 자신감 있는 모습을 보여라.

❖ **기본 질문**

● 우리 회사에 대해 아는 대로 말해보십시오.

지원한 회사의 사전지식이 얼마만큼 있는지를 알기 위한 질문
으로 면접관이 많이 하는 질문 중 하나다. 지원한 회사의 주력 상
품 등을 중심으로 이야기하면서 수치 등을 예로 들면 된다.

● 우리 회사 제품을 사용한 적이 있나요?

취업준비생이라면 지원한 회사가 생산하는 제품의 장점, 개선 방안 등을 파악해서 답할 준비를 해야 한다. 개인이 직접 사용하기 어려운 제품이라면 회사를 방문해서 눈으로 확인하는 것도 한 방법이다.

● 우리 회사의 강점에 대해 말해보십시오.

어떤 회사든 경쟁회사들에 비해 월등히 뛰어난 점이 있다. "소비자가 쓰기 편합니다"라는 일반적인 답변보다 시장상황, 경쟁회사와 비교했을 때 뛰어난 점을 부각시키면서 설명해야 한다.

● 우리 회사에 보완점이 있다고 생각하나요?

보완점을 말하라고 했지만 무작정 비판하는 태도는 옳지 않다. 그렇다고 "보완점은 없습니다"라고 말해도 면접관은 좋아하지 않는다. 보완점을 말하면서 개선방안 등을 같이 제시해야 한다.

● 회사 홈페이지에 들어간 적이 있나요?

지원한 회사의 홈페이지를 분석하는 것은 기본이다. 미리 홈페이지를 검색해서 장점과 단점을 파악해 구체적으로 설명하는 것이 좋다.

● 자기소개를 영어로 해보십시오.

뛰어난 어학점수를 갖고 있는 지원자들이 늘어나면서 자기소개를 영어로 해보라는 회사가 늘고 있다. 또한 영어로 면접을 보는 회사도 적지 않으니 기본적인 영어회화는 필수다.

- 보유하고 있는 자격증에 대해 설명하시기 바랍니다.

자격증의 내용과 취득한 이유, 취득하기 위한 지원자의 노력, 자격증과 지원한 분야 또는 업무와의 상관성 등을 상세하게 말해야 한다.

- 최근 뉴스에서 가장 관심을 가졌던 화제는 무엇입니까?

학업 외에 사회성 등을 알아보기 위해 시사, 상식을 묻는 회사가 많다. 사회적 이슈가 되는 뉴스는 평소 스크랩을 하면서 공부해둬야 한다.

- 취미나 특기가 있습니까?

회사는 팔방미인을 원한다. 독서와 영화감상 등 틀에 박힌 취미보다 자신만의 특색 있는 취미나 특기를 하나 정도는 갖고 있는 것이 좋다.

❖ 지원부서 및 업무 관련 질문

- 왜 우리 부서를(이 부서를) 지원했습니까?

면접관이 가장 많이 묻는 질문 중 하나다. 본인과 지원 부서와의 공통분모를 찾아 본인이 지원한 부서에 가장 적합한 인재라는 점을 강조해야 한다.

- 어떤 업무를 잘할 수 있다고 생각하십니까?

'모든 일을 잘할 수 있다'라는 대답은 불합격으로 가는 지름길이다. 본인의 전공과 자격증 등을 근거로 잘할 수 있는 분야에 대해 구체적으로 설명해야 한다.

- **중요한 약속과 회사 야근 중 어떤 것을 선택하겠습니까?**

회사에 대한 충성심을 평가하는 동시에 지원자의 순발력을 요구하는 질문이다. 두 가지 상황 중 선택한 것에 대한 근거를 제시하면서 위트를 섞은 답변이 좋다. "무조건 야근하겠습니다"라는 딱딱한 답변보다 "중요한 약속에 갔다가 다음 날에 두 시간 일찍 출근해서 일을 마무리하겠습니다"라는 답변이 더 어필할 수 있다.

- **입사해서 어디까지 진급하고 싶습니까?**

본인의 포부, 진급하고 싶은 목표와 이유, 근거를 자신 있게 밝히면 된다.

- **지원한 분야에 가지 못하는 경우 어떻게 하겠습니까?**

회사가 모집분야를 정하고 지원자를 구분하는 것은 다 이유가 있다. 전문성을 갖고 있는 인재를 구하기 위해서다. 그러므로 "희망분야에 가지 못해도 좋습니다. 어느 분야에서든 열심히 할 준비가 되어 있습니다. 합격만 시켜주십시오"라고 말하는 것보다 지원한 분야와 관련된 본인의 전문성을 재차 강조해야 한다.

❖ 경험 및 인성 관련 질문

- **장점과 단점은 뭐라고 생각하나요?**

"장점은 맡은 임무를 성실하게 하는 것이고 단점은 유머능력이 좀 떨어지는데 열심히 노력 중에 있습니다"라는 두루뭉술한 답변은 면접관이 매번 듣는 것이다.

본인의 장점과 단점을 주변 사람들에게 물어본 다음 구체적으로 정리해서 장점은 잘 포장하고 단점은 개선방향까지 말하면 된다.

- **아르바이트를 하신 적 있으신가요?**

회사는 공부만 한 인재보다 다양한 사회활동과 경험이 풍부한 인재를 원한다. 아르바이트 경험, 외부 활동 등을 통해 얻은 좋았던 기억 등을 정리해서 말하면 된다.

- **인생에서 가장 보람이 있었던 일이 있었는지요?**

이런 질문은 자신의 지난 시간을 갑자기 기억해야 해서 미리 준비하지 않으면 답변하기 어렵다. 지원자가 주도적으로 진행해서 주변 사람들에게 즐거움이나 이익을 준 일을 이야기하면 좋다.

- **인생을 살면서 가장 힘들었던 시기는 언제였는지요?**

힘들었던 시기를 말하면서 헤쳐나간 과정과 그 과정에서 얻은 교훈을 같이 말하면 면접관들의 호감을 얻을 것이다.

- **리더를 해본 적이 있습니까?**

회사는 리더십이 있는 인재를 원한다. 과대표, 동아리 회장 등 리더로서 활동한 경험과 그 경험을 통해 얻은 점, 자신이 생각하는 리더의 정의 등을 말하면 좋은 점수를 받을 수 있다.

- **대학 시절 활동했던 동아리가 있었나요?**

면접관은 지원자가 학업 외에 어떤 것에 관심이 있는지를 알기 위해 이런 질문을 한다. 동아리에서 어떤 역할을 맡았는지, 활동을 통해 얻은 점은 무엇인지를 종합적으로 이야기하면 된다.

● **최근 인상 깊게 읽은 책이 있었나요?**

책을 많이 읽지 않더라도 서점에 자주 갈 것을 권장한다. 최근 사회적인 이슈가 된 책과 그 이유, 베스트셀러 순위에 있는 책 정도는 알고 있어야 한다. 인상 깊었던 구절 등을 정리해놓는 준비도 하면 좋다.

● **팀 프로젝트에서 중요한 점이 뭐라고 생각하나요?**

지원자의 조직 내 적응력과 협동심 등을 판단하기 위한 질문이다. 학교, 동아리에서 팀으로 활동하다가 잘된 경우와 그렇지 못한 경우를 예로 들면서 팀원과의 협동심, 상대방에 대한 믿음 능이 중요하다고 답변하면 된다.

● **색 또는 사물에 자신을 비유한다면?**

지원자가 미처 생각하지 못하는 질문 중 하나다. 지원자의 독창성을 보기 위한 질문으로 생각하면 된다. 자신을 표현할 수 있는 색이나 사물을 미리 정해 지금까지 살아온 환경, 앞으로 이루고 싶은 목표 등의 의미를 부여하면 된다.

❖ **지원자를 압박하는 질문**

● **서울에 살면서 왜 지방대에 갔죠?**

예상치 못한 상황에 대한 대처능력과 신속한 판단력을 확인하기 위해 지원자를 압박하는 질문을 하는 경우가 있다. 이 질문도 그중 하나다.

지방대라고 기죽을 필요는 없다. 비굴하게 낮은 점수 때문이라는 말보다 "국립대에 진학하기 위해서 그렇습니다", "서울에 있는 대학에는 원하는 학과가 없어서 갔습니다" 등의 대답을 당당하게 하면서 자신이 졸업한 학교에 대한 자부심을 강조하는 것이 좋다.

● **좋은 대학 나와서 왜 우리 회사에 지원했습니까?**

회사에 대한 애사심을 평가하는 질문이다. 좋은 대학을 나온 만큼 지원한 회사가 좋은 회사라는 점을 강조하면 합격할 확률이 높아진다.

● **학점 관리가 엉망입니다. 특별한 이유가 있습니까?**

다른 사람에 비해 비교적 낮은 학점을 갖고 있다면 학업 외에 다른 활동을 병행했다는 점을 적극적으로 알려야 한다. 대신 그 활동이 낮은 학점을 감쌀 수 있는 충분한 이유가 되어야 한다.

● **다른 지원자보다 나이가 많은데 취업이 늦어진 이유에 대해 설명해주십시오.**

요즘은 공무원 준비 등으로 시간을 보내다가 포기하고 뒤늦게 취업을 준비하는 경우가 많다. 면접관들도 그러한 점을 알고 있기 때문에 지원자의 나이를 확인한다. 나이가 많은 만큼 다른 지원자보다 더 많은 경험, 더 많은 사람과 관계를 맺었다는 점을 강조하는 것이 좋다.

● 급여는 얼마 정도를 예상하십니까?

연봉정보 사이트 등을 통해 지원한 회사, 지원한 분야의 급여 범위가 어느 정도인지를 사전에 알고 있어야 한다. 면접관 앞에서는 사규에 따른다는 답변보다 관련 업종의 평균 연봉을 이야기하며 적극적인 모습을 보여주는 것이 좋다.

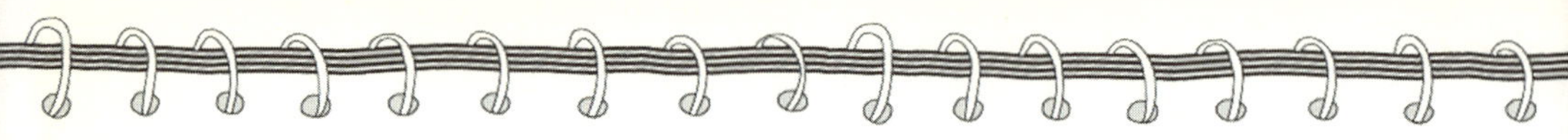 청년취업아카데미 소개 (www.myjobacademy.kr)

❖ 추진배경

고용노동부와 한국산업인력공단에서 좀 더 체계화되고 전문화된 교육과 지원으로 실무역량을 갖춘 인재를 양성해서 학교 교육과 취업 현실 간의 차이를 좁혀 청년실업난을 해소하기 위한 사업이자 기업 및 사업주 단체가 주도하고 대학이 협력해 취업을 희망하는 청년들을 교육하고 참여 기업에 취업하도록 연결해주기 위한 사업이다. 실업기간을 거치지 않고 학교에서 기업으로 바로 갈 수 있도록 지원하는 가교 역할을 담당한다고 할 수 있다.

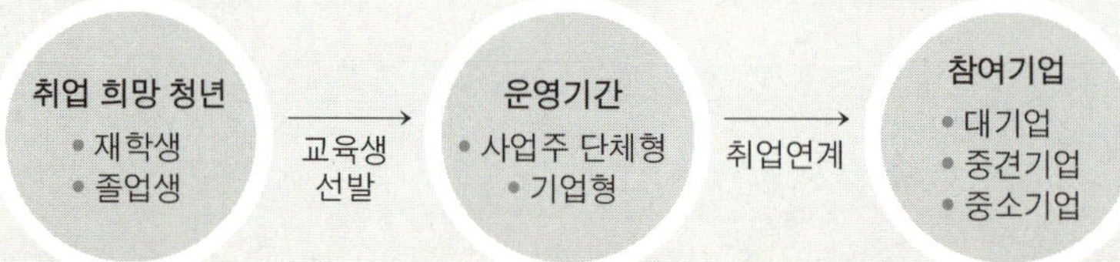

- **사업주 단체형**: 일정 인원 취업을 전제로 다수의 기업을 참여시켜 대학 또는 자체시설에 기업 수요에 맞는 프로그램을 운영한 후 바로 취업으로 연계하는 형.
- **기업형**: (대)기업이 다수의 협력업체(계열사)를 포함한 자체 인력수요와 교육커리큘럼을 파악한 후 대학과 연계하거나 기업 내 자체 교육시설을 활용해 교육과정을 마련하여 대기업 또는 참여기업(협력업체 등) 등에 취업으로 연결하는 형.

❖ **교육생 자격**

- 대학졸업예정자: 교육과정 수료 후 6개월 이내 취업이 가능한 자. 협력대학 소속 학생은 교육과정에 대해 학점 인정.

- 졸업자: 모집 당시 만 29세까지로 미취업자에 한함. 군필자는 만 31세까지 가능.

❖ **교육과정 및 특징**

- 취업을 희망하는 청년과 기업 모두를 위한 실무교육 중심 과정으로 구성된다.

- 현장 전문가 중심으로 강사진을 구성하며, 기업 및 사업주 단체가 요구하는 기본공통역량 및 전문역량 강화 프로그램 등을 수요자 중심으로 진행한다.

- 교육과정을 수료하면 참여기업 등에 취업할 수 있도록 지원한다.

- 교육과정을 마치면 상담 및 경력관리를 통해 교육생에게 맞는 분야의 단계별 취업연계와 사후관리까지 진행한다.

취업에 성공하고 싶다면
인사부장의 머릿속으로 들어가라

초판 1쇄 발행 2011년 9월 15일

지은이 │ 강성진, 한창호, 전재홍, 박영우
펴낸이 │ 전용준
펴낸곳 │ 보아스

주소 │ 서울시 마포구 성산1동 629-14번지 1층
전화 │ 02-332-1238
팩스 │ 02-335-1238
이메일 │ boazbook@naver.com

ISBN 978-89-966167-2-6   13320